甲骨文字と商代の信仰

神権・王権と文化

陳　捷　著

プリミエ・コレクションの創刊に際して

「プリミエ」とは、初演を意味するフランス語の「première」から転じた「初演する、主演する」を意味する英語です。本コレクションのタイトルには、初々しい若い知性のデビュー作という意味がこめられています。

いわゆる大学院重点化によって博士学位取得者を増強する計画が始まってから十数年になります。学界、産業界、政界、官界さらには国際機関等に博士学位取得者が歓迎される時代がやがて到来するという当初の見通しは、国内外の諸状況もあって未だ実現せず、そのため、長期の研鑽を積みながら厳しい日々を送っている若手研究者も少なくありません。

しかしながら、多くの優秀な人材を学界に迎えたことで学術研究は新しい活況を呈し、領域によっては、既存の研究には見られなかった溌剌とした視点や方法が、若い人々によってもたらされています。そうした優れた業績を広く公開することは、学界のみならず、歴史の転換点にある21世紀の社会全体にとっても、未来を拓く大きな資産になることは間違いありません。

このたび、京都大学では、常にフロンティアに挑戦することで我が国の教育・研究において誉れある幾多の成果をもたらしてきた百有余年の歴史の上に、若手研究者の優れた業績を世に出すための支援制度を設けることに致しました。本コレクションの各巻は、いずれもこの制度のもとに刊行されるモノグラフです。ここでデビューした研究者は、我が国のみならず、国際的な学界において、将来につながる学術研究のリーダーとして活躍が期待される人たちです。関係者、読者の方々共々、このコレクションが健やかに成長していくことを見守っていきたいと祈念します。

第25代　京都大学総長　松本　紘

目次

凡例

一、本書の漢字に関して、引用史料、訓読、引用史料の抜粋用語（主として「 」で引用した部分）及び固有名詞は正字で、それ以外（和訳も含む）は常用漢字で表記している。ただ、「商・礼・衆・仮・欠」などを「商・禮・眾・假・缺」などで統一することに関しては、必ずしも一定していない。

二、甲骨卜辞を引用する際に、原則として釈文は卜辞の原形に近い所謂「厳式」の表記法を用いて、必要に応じて（ ）で現代の字形を附記する。原則として、直接関係しない卜辞及び卜兆の順番を示す「兆序」やセットになっている卜辞の占卜の順番を示す「卜数」を省略する。

三、甲骨卜辞の引用に当たっての記号について、缺けた一文字を「□」で、缺けた字数がはっきりしないものを「……」で表示し、半分以上缺けているがまだ判読できるものに〔 〕を、元々缺如していて他の卜辞または文例によって補ったものに｛ ｝を付ける。

四、引用卜辞の後ろに【 】でその時期を附記し、時代順に各書の著録番号を掲げて出典を記す。時代区分について、基本的に董作賓の五期分類法に従っているが、所謂「歴組卜辞」は直接「歴組」と附記する。著録書の略称について、附録三の「甲骨著録略称表」を參照されたい。同一の甲骨を「=」で、綴合を「+」で、独立した著録番号を有しない部分を「α」で表記し、必要に応じて同一の甲骨を（ ）・〔 〕・｛ ｝で括る。

五、甲骨の図版は、特記しない限り全て原寸大であり、図版の出所の著録番号を掲げる。ただ雑誌から採ったものは出所が本文に記した一箇所しかなく、煩雑さを避けるため、その出所を省略する。

緒　論

商王朝は夏王朝と周王朝の間に位置し、従来の文化を継承して発展する端緒を開いた重要な王朝である。夏・商・周三代の歴史や文化は、主として文字記録と口伝によって遠く広まり、後世へと伝わった。周代初期、周公は商王朝の貴族に、「惟爾知、惟殷先人、有冊有典、殷革夏命」と述べている（『尚書』多士）[1]。遅くとも商代には既に文字記録の典籍があって、しかもこの事実を貴族たちが熟知していたことが分かる。ただこのような典籍は王室に厳重に保管され、決まった責任者がそれを扱っており、王族・史官などごく少数の貴族しか関与できないため、口伝はなお文化伝承の重要な形であった。春秋の末葉、孔子は魯君の命を受け、周に赴いて禮について尋ねたのであるが、恐らくその時に老子と会ったらしい[2]。この老子は「周守藏室之史」であって、即ち周王朝の藏書室の史官であったろう[3]。紀元前六世紀まで、中国では史官は文化を掌握

（1）本書では、十三經より引用の際、原則として本文に出典を記す。一八一五年阮元校刻『十三經注疏』により、中華民國四十九年藝文印書舘影印本を用いる。

（2）『史記』孔子世家、第六冊、一九〇九頁、中華書局、一九八二年。

しまた伝授する主要な階層であったことがここから窺える。

孔子は「學而不厭」の学者のみならず、「誨人不倦」の教育者でもあって（『論語』述而）、六經などの古典籍を整理して、「詩書禮樂」を教えていた。[4]その「有教無類」（『論語』衞靈公）の教育理念と平民にも教育を受ける機会を与える実践は、学は官府にありという長らくの状況を大きく変え、文化の平民化とその普及を導いた。[5]

しかし当時の中国は「周室微而禮樂廢、詩書缺」の危機に陥っており、孔子は「追迹三代之禮、序書傳、上紀唐虞之際、下至秦繆、編次其事」といった古史の整理や編纂に従事していたが、[6]「夏禮吾能言之、杞不足徵也。殷禮吾能言之、宋不足徵也。文獻不足故也。足則吾能徵之矣」と述べている（『論語』八佾）。『尙書』を整理するに当たって、孔子は「文獻不足」と慨嘆したが、この「文獻」とは文章と賢才を含めており、[7]それぞれ文字記録と口伝という伝承方式に関わっている。一方、孔子はまた「吾說夏禮、杞不足徵也。吾學殷禮、有宋存焉。吾學周禮、今用之、吾從周」と述べている（『禮記』中庸）。

殷禮については、孔子は「宋不足徵也」と指摘しながら、「有宋存焉」とも示していることは、少し分かりにくいように見えるが、実はその背景にはいずれも「文獻不足」という状況があったのである。「文獻不足」のため、「宋不足徵也」と言われているが、ただ宋国は殷商の故地にあり、殷禮の余韻がまだある程度遺っており、参考する価値がかなりあったのであろう。「有宋存焉」という言葉は、文献が不足した状況の中で殷禮は商の故地に求めるべきことを示唆している。

その後、秦の焚書や戦乱に遭い、数多くの貴重な典籍が欠けたり、滅んだりしてしまった。商代の歴史・文化については、現存する文献の中で、『尙書』の『商書』及び『周書』の数篇、『詩經』商頌、『史記』殷本紀、『竹書紀年』に比較的集中的に記録されているほかは、いくつかの典籍に断片的に遺っているだけで、研究に資する文献はごく限られているのである。このように文献の不足した局面は、殆ど変わらず二千年余りも続いたため、商代に関する研究には長らく大きな進展が見られなかった。

このような閉塞を打破する契機となったのは、十九世紀末、商王朝の都であった安陽から夥しい甲骨が発見されたことである。中国河南省の安陽縣は、商代後期の盤庚による遷都から帝辛即ち紂王による亡国までの八世代十二王の都として、およそ二百七十三年に亘って繁栄し、後に殷虚（殷墟）と称される。商代後期の絶対年代については諸説あり定かでないが、(8) 紀元前十四世紀頃から紀元前十一世紀頃までの間であろう。

(3)『史記』老子韓非列傳、第七冊、二一三九頁。

(4)『史記』孔子世家、第六冊、一九三八頁。

(5) 黎東方『我對歴史的看法』所收「中國文化之歴史的分析」・「孔子傳略」（傳記文學出版社、一九七九年）、錢遜『先秦儒學』第一章「先秦儒學形成、發展的背景與環境」（遼寧敎育出版社、一九九一年）を參照。

(6)『史記』孔子世家、第六冊、一九三五―一九三六頁。

(7)『論語集解』八佾に、「鄭曰：『獻猶賢也。我不以禮成之者、以此二國之君文章賢才不足故也』」とある。

(8) 商代後期の絶対年代について、参考のため、いくつかの説を挙げておく。董作賓は前一三八四年―前一一一二年と推定しているが〔董作賓『殷曆譜』（『董作賓先生全集』乙編第一冊所收、藝文印書館、一九七八年）、二五頁〕、陳夢家は前一三〇〇年―前一〇二八年と考えている〔陳夢家『殷虛卜辭綜述』（中華書局、一九八八年）、三五頁〕。また、近年の研究成果として前一三〇〇年―前一〇四六年という説も提示されたが〔夏商周斷代工程專家組『夏商周斷代工程1996―2000年階段成果報告・簡本』（世界圖書出版公司、二〇〇〇年）、六〇―六一頁〕、未だ定説となっていないようで今後の研究を期待したい。

安陽の殷墟から出土した甲骨は、殆どが亀の甲羅や牛の肩胛骨で、卜いの道具として用いられ、また書写材料として当時の卜人集団によって厖大な卜いの文字記録が刻み付けられている。この世紀の大発見によって、今から三千年以上前の商王朝文明の中枢でその高度な文化を掌握した人々が記した一次史料が日の目を見ることとなり、極めて貴重な研究資料として学者をはじめとする多くの人々が魅了されてきた。筆者も少年時代から甲骨学に興味を持ち、大学で積極的に研究に取り組むようになった。本書は筆者のこれまでの研究成果を纏めたものである。

第一節　研究の対象と目的

中国河南省の安陽縣の小屯村から出土した甲骨は、一八九九年に王懿榮に注目され購入されたことを契機に、次第に世に知られるようになった。それから三十年の間に、十一回の私的発掘が確認されている。[9] 出土した甲骨は個人の所蔵となり、その数は合わせて約十万片に上っている。[10] 一九〇三年、劉鶚は自ら所蔵する一〇五八片の甲骨の拓本を『鐵雲藏龜』に収めて出版し、これが甲骨文字を初めて世に紹介する著録書となった。[11] その後、上記の私的発掘による甲骨の拓本も各種の著録書に公表されている。一九〇四年、孫詒讓はいち早く甲骨文字の解読を試み、『契文擧例』を書き上げ、最初の研究書として甲骨学研究の基礎を築いた。[12]

一九二八—一九三七年の十年間には、中央研究院歴史語言研究所が殷墟で十五回にわたって公的発掘を行った結果、合計二四九一八片の甲骨が発見され、その拓本の一部が『殷虛文字甲編』[13]と『殷虛文字乙編』[14]に公表されている。この十五回の発掘時間・場所及び出土した甲骨の片数や『甲編』・『乙編』の拓本番号を次の表一に掲げる。[15] 一九三四年三―五月の第十回、一九三五年三―六月の第十一回、同年八―十二月の第十二回発掘は、いずれも侯家莊西北岡で行われたもので、甲骨が発見されなかったため、表に挙げない。

その後、中央研究院の殷墟発掘は中日戦争によって中断を余儀なくされ、戦時中に盗掘された甲骨は約三五〇〇片に上り、戦後出土した甲骨も約二五〇〇片あるので、十数年間で合計約六〇〇〇片の甲骨が殷墟から発見された計算になる。[16] 一九五〇年代から今日まで、甲骨は時には見つかったが、出土量は概ね少ない。[17] そのうち、殷墟から大量に出土したことが二回ほどあった。即ち一九七三年、安陽縣の小屯南地から五三三五片（綴合前）の甲骨が発掘され、[18] 殆どが『小屯南地甲骨』に著録されている。[19] また一九九一年、花園莊東

(9) 董作賓『甲骨學五十年』（二五―二八頁、藝文印書舘、一九五五年）、胡厚宣『五十年甲骨文發現的總結』（三五頁、商務印書館、一九五一年）や嚴一萍『甲骨學』（上冊、一四三―一四五頁、藝文印書舘、一九七八年）を參照。
(10) 胡厚宣『殷墟發掘』、三六頁、學習生活出版社、一九五五年。なお、本書では特記のない限り、甲骨の片数について刻辞がある甲骨の数を挙げる。
(11) 劉鶚『鐵雲藏龜』、裒殘守缺齋、一九〇三年。
(12) 孫詒讓『栔文擧例』、『吉金盦叢書』第一冊所収、一九一七年。
(13) 董作賓『殷虛文字甲編』、中央研究院歴史語言研究所、一九四八年。
(14) 董作賓『殷虛文字乙編』、中央研究院歴史語言研究所、一九四八―一九五三年。
(15) 嚴一萍『甲骨學』所収「十五次發掘殷墟所得甲骨文字出土時期數量地點與甲乙編圖版拓本對照表」（上冊、一四七頁）によって作成した。
(16) 王宇信『甲骨學通論』（九〇―九一頁、中國社會科學出版社、一九九三年）を參照。
(17) 王宇信・楊升南主編『甲骨學一百年』（四八頁（孟世凱執筆）、社會科學文獻出版社、一九九九年）を參照。

表一　十五回の殷墟発掘による甲骨の出土状況一覧表

回	発掘時間		発掘場所	甲骨の片数			『甲編』、『乙編』の拓本番号	
	年	月	小屯村、侯家荘	卜甲	卜骨	合計	卜甲	卜骨
1	一九二八	十		五五五	二九九	八五四	甲一—二九六	甲二九七—四四七
2	一九二九	三—五	村中、村北	五五	六八五	七四〇	甲四四八—四八九	甲四九〇—九二八
3		十—十二	村北	二〇五〇	九六二	三〇一二	甲九二九—二二二八	甲二二三九—二九四〇
4	一九三一	三—五		七五一	三一	七八二	甲二九四一—三三二八	甲三三二九—三三五二
5		十一—十二	村中、村北	二七五	一〇六	三八一	甲三三六三—三五七六	甲三五七七—三六五八
6	一九三二	四—五	村北		一	一		甲三六五九
7		十—十二		二三	六	二九	甲三六六〇—三六八四	甲三六八五—三六九〇
8	一九三三	十—十二		二五六	一	二五七	甲三六九一—三七八二	甲三七八三
9	一九三四	三—五	村北、莊南	四四六	一一	四五七	甲三七八四—三九二九	甲三九三〇—三九三八
13	一九三六	三—六	村北	一七七五六	四八	一七八〇四	乙一—八六三七	乙八六三八—八六八八
14		九—十二		二		二	乙八六八九—八六九〇	
15	一九三七	三—六		五四九	五〇	五九九	乙八六九一—九〇五二	乙九〇五三—九一〇四
合計				二二七一八	二二〇〇	二四九一八		

地から六八九九片の甲骨が発掘され、『殷墟花園莊東地甲骨』に公表されている。[20]

甲骨が発見されてから百年余りの間、甲骨学の研究は学界の注目を集める多大な成果を上げた。一八九九年の殷墟甲骨の発見から一九九九年六月までの百年間に公表された甲骨学と商代史に関する論文や著書は、

『百年甲骨學論著目』に収録されている数だけで一〇九四六件にも上る。[21]このうち、文字の解読や卜辞の断代、また制度の復元などについては活発な論争が展開されてきたが、商代における信仰については、断片的な個別研究はあるものの、文化史の立場からの全面的な研究は未だ不十分であり、解明すべき問題が多く残されている。

近年、甲骨文字の解読や断代、制度史などの研究が急速に進んでおり、また考古学とりわけ遺跡の発掘調査が盛んに行われている。それらの成果によって各種の新しい知見が得られるようになり、商代の複雑な信仰世界に関する全面的でより深い研究がようやく可能となった。そこで甲骨文字の字形や卜辞の断代の綿密な考察に基づいて、幅広く商代の文化全般を視野に入れ、その信仰の源流にも遡りつつ、多面的に考察してゆきたい。

本研究は、甲骨文字そのものを分析することによって、商代の信仰を中国文化史の中に位置づけ、その特質を究明することを目的とする。そのために、これまでの研究成果を踏まえて、次の三点を新しい研究主題の独自の構想として提示する。

一、甲骨の意義について、商代の信仰の具象性と抽象性に留意しつつ、甲骨の諸勝相を綜合的に考察し、

(18) 同上。
(19) 『小屯南地甲骨』、中華書局、一九八〇、一九八三年。
(20) 『殷墟花園莊東地甲骨』、雲南人民出版社、二〇〇三年。
(21) 宋鎮豪主編『百年甲骨學論著目』、宋鎮豪の「序」、三頁、語文出版社、一九九九年。

その特徴を探究する。
二、商王の予言録として固辞を取り上げ、巫祝長としての商王の役割に注目して、固辞の変遷を中心に歴代商王の権威とその変化について検討し、その実像を多角的に把握する。
三、予言の的中の状況を示す験辞について、固辞との関係に注意しながら、験辞の時代的な特徴を通観し、その変移の原因を考察する。

以上の課題について、可能な限り甲骨学の百余年に亘る研究史を踏まえ、関連する諸見解・諸研究に広く目を通して精確に読み、深く理解し、かつ適切に批判しつつ検討した上で、有意義または重要なものを遺漏なく採り入れながら、独創的な構想を提出することに努める。

第二節　研究の方法と構想

研究方法として、はじめに甲骨文字の字形から考察する。次に董作賓の断代基準（近年の研究成果により若干の修正を加えられたもの）によって、それぞれの関連卜辞を全て時代順に配列し、通時的な視点から文字や信仰の発展及びそれらの関連性を実証的に分析する。更に文字と信仰を文化史の流れに正確に位置づけて、それらの源流を体系的に明らかにする。

本研究は、商代信仰に関する過去に蓄積された研究成果を十分に踏まえつつ、これまでの様々な個別研究に対する深くかつ全面的な分析によって、商代の信仰体系の復元を目指すものである。文字学の立場から、また経学・小学をはじめ、歴史学・考古学・文化人類学などをも積極的に視野に入れ、綜合的な研究を行う。商代の信仰の内面性に最大の関心を払いながら、広く中国文化史全体の基礎の上に据えて甲骨文字と商代の信仰を研究する。先行研究の内容を十分に理解し、その問題点を明らかにし、その上に立って、自らの説を論述する。

本研究は商代の諸種の信仰を五つの時期に分け、時代の流れに沿ってその信仰の発展を追うという方法を採る。商代の信仰に関する研究を進める上で、各信仰対象に関する全ての卜辞に対して分析を加えることは、基本的かつ重要な意味を持つ。しかし従来このような卜辞の分析を通時的な観点から行った研究は少ない。本研究では商代の信仰に関する具体的問題の解明を通じて、商代信仰研究における全ての関連卜辞の断代と分析の有効性を示す。

そのためには、文字と信仰、文献と実物、中国の研究成果と日本の研究成果とをそれぞれ結びつけて研究を進めなければならない。筆者は臺北の中央研究院や國立故宮博物院を訪ね、甲骨文字の実物や関連文献を研究し、資料を収集した。また十万点以上の甲骨を出土した河南省安陽縣には甲骨文字に関係する厖大な蓄積があり、綿密な現地調査を行った。このような実地研究は単に文献資料と考古史料とを結合させるだけでなく、むしろ両者を重ねあわせ、相互に結びつけるものである。このような活動によって、着実に研究成果を積みあげ、深みのある独創的な論文を作成できるように努力を重ね、それらを纏めたのが本書である。

本研究は伝統的な考証学の方法を基盤としながらも、索引やコンピュータによって統計的分析などの手法を取り入れる。そしてそれらの文字や信仰などに関する疑問点の解明を試みながら、文字の考証や卜辞の断代による商代信仰研究を体系的に進めてゆく。また商代の文字と信仰を歴史的な関連において捉え、その展開を文化史上に跡づける。これらの点において本研究は、過去のいかなる研究にも見られない独自性を持つものである。

本書は、甲骨文字を分析することによって、商代の信仰を中国文化史の中に位置づけ、その特質を究明しようとするものである。神権・王権と文化の相互関係を中心として、これまでの研究成果を踏まえ、前節で述べた三つの領域において新しい研究主題とその独自の構想を提示したい。

これまでの一連の研究成果によって、神権・王権と文化の相互関係を中心に、商代の信仰の特質が明らかにされるのであろう。本書の綜合的かつ独創的な論考は、甲骨文字や中国文明の研究に些かなりとも貢献できれば幸いである。

第一部　商代信仰世界における甲骨の諸相

はじめに

甲骨が発見されてから百年余りの間、甲骨学の研究は学界の注目を集める多大な成果を上げた。本書では、これまでの研究成果を踏まえて、商代信仰世界における甲骨の意義について、従来あまり重視されなかったいくつかの側面から、整理を行いつつより深く考察を加えてみたい。

まず『尚書』洪範をはじめとする文献を細かく再検討して、改めて商代の信仰の構造とその特質を考える。そして卜の特徴と筮の記録について、商代の信仰世界に関する基本的な要素に焦点を当てて、文献資料と甲骨卜辞とを結び付け、考古発掘の成果をも参照しながら、商代固有の観念に注目して、その文化的背景を分析して、甲骨の意義を見出すことを試みる。

第一章　『尚書』洪範に見える商代のト筮

商代の文化の特質について、『禮記』には夏・商・周三代の文化を比較した次のような孔子の言葉が見える。

子曰:「夏道尊命、事鬼敬神而遠之、近人而忠焉、先祿而後威、先賞而後罰、親而不尊。其民之敝、惷而愚、喬而野、朴而不文。殷人尊神、率民以事神、先鬼而後禮、先罰而後賞、尊而不親。其民之敝、蕩而不靜、勝而無恥。周人尊禮尚施、事鬼敬神而遠之、近人而忠焉、其賞罰用爵列、親而不尊。其民之敝、利而巧、文而不慙、賊而蔽。」(『禮記』表記)

ここから夏・商・周はそれぞれ「命」・「神」・「禮」を尊び、異なるところに重きを置いていたことが分かる。夏と周はいずれも「事鬼敬神而遠之、近人而忠焉」、「親而不尊」と言われるほか、文献によれば更に多くの共通点が窺えるので、夙に学者に注目されてきたが、[1] ここでは贅言を要しまい。夏民族や周民族と異なり、商民族は「尊神、率民以事神、先鬼而後禮」と言われ、社会全体が鬼神を中心としており、宗教的色彩が色濃く見られる。「率民以事神」というのはその信仰には国民全体に浸透した普遍性や上から下への等級性があることを示し、「先鬼而後禮」というのは鬼神に対する信仰が社会の規範に優先する重要性を有することを表している。

神を尊ぶ商民族は、主に卜や筮によって神の意思を伺い、それを現実社会の意思決定の根拠としていた。孔子は「昔三代明王、皆事天地之神明、無非卜筮之用、不敢以其私褻事上帝。是故不犯日月、不違卜筮」と述べ、三代における卜筮の役割を指摘した（『禮記』表記）。商代の卜筮は、夏代と周代の間に位置して、その過渡的役割を持つ。三代に共通するところもあれば、鮮明な時代的特徴もあるのである。『尚書』洪範には、商王朝の貴族箕子が周の武王に対して夏の禹より代々伝えられてきた天地の大きな法則を述べたことが記されており、「五行」・「敬用五事」・「農用八政」・「協用五紀」・「建用皇極」・「乂用三德」・「明用稽疑」・「念用庶徵」・「嚮用五福、威用六極」などの九類があり、そのうち、第七類の「稽疑」の部分に商代の卜筮に関する貴重な史料が遺されている。

七、稽疑。擇建立卜筮人、乃命卜筮、曰雨、曰霽、曰蒙、曰驛、曰克；曰貞、曰悔。凡七、卜五、占用二、衍忒。立時人作卜筮、三人占、則從二人之言。汝則有大疑、謀及乃心、謀及卿士、謀及庶人、謀及卜筮。汝則從、龜從、筮從、卿士從、庶民從、是之謂大同、身其康彊、子孫其逢、吉。汝則從、龜從、筮從、卿士逆、庶民逆、吉。卿士從、龜從、筮從、汝則逆、庶民逆、吉。庶民從、龜從、筮從、汝則逆、卿士逆、吉。汝則從、龜從、筮逆、卿士逆、庶民逆、作內、吉；作外、凶。龜筮共違于人、用靜、吉；用作、凶。（『尚書』洪範）

箕子はここで卜筮によって疑事を考えて決定する行事を述べ、卜兆の類型や卦の構成を挙げて、三人が占った時にはそのうち多数の二人の判断に従うという原則に言及しており、とりわけ重大な疑わしい事柄の実行を決定するには王・卿士・庶人・卜・筮など五者の意見を考慮しなければならないことを指摘して、詳しく分析している。この五者の各種組み合わせやその結果について、経文や孔伝などによって次の表一に纏めてみる。

表一　『尚書』洪範に見える意思決定類型の一覧表

類型	要素					結果	
	王	龜	筮	卿士	庶民	經文	孔傳、（李惇）
一	○	○	○	○	○	身其康彊、子孫其逢、吉	（大吉）
二	○	○	○	×	×	吉	三從二逆、中吉
三	×	○	○	○	×	吉	中吉
四	×	○	○	×	○	吉	（中吉）
五	○	○	×	×	×	作內、吉；作外、凶	（小吉）
六	○	×	×	○	○	用靜、吉；用作、凶	（中吉）

経文の中の「汝」は元々箕子叙述の聞き手としての周の武王を指して言うが、このシステムの中で広く王

（1）姜亮夫『古史學論文集』所収「夏殷兩民族若干問題彙述」文中の六の「周爲夏後說與周之地理」を参照、二六六—二七〇頁、上海古籍出版社、一九九六年。

一般を指したものなので、表一では直接「王」と表記しておく。また経文の中の「従」を「○」と、「逆」や「違」を「×」と表示する。「子孫其逢、吉」の句読点は李惇・王念孫の説によって付けたもので、また李惇は「據傳以此爲大吉、下文三從二逆爲中吉、二從三逆爲小吉」と述べているので、(2) 表の下の欄にこの説を附記している。ただ孔伝には明文がなく、李惇が孔伝によって推定したものについて、括弧を付けて示す。

経文及び上の表によって、重大な疑わしい事柄の実行を決定する時、王・卜・筮・卿士・庶民などの五者の中に、三者または三者以上が従うのであれば、「吉」という結果が得られることが分かる。表の中の(一)から(四)はこれに属する。

そのうち、(一)は五者が一致して賛成する類型で、「大同」と称されており、李惇は孔伝によってそれを「大吉」とする。また(五)の情況は二者が従って三者が逆らい、反対が賛成を上回り、経文も「作內、吉；作外、凶」と明言しており、全体的に吉凶が相半ばするので、李惇はそれを「小吉」としており、これらはいずれも合理的な考え方である。経文ではただ「吉」か「凶」と述べられているが、孔伝は数の違いに注目して、(二)、(三)を「中吉」と指摘し、李惇は更に様々な結果について細分し、「大吉」・「中吉」・「小吉」の三類に纏めたのは、参考価値の高いものと言える。ただ李惇は、数の違いを重視するあまり、それを「中吉」と「小吉」とを見分ける唯一の基準としたようで、この点は検討の余地があると思われる。

実は、「中吉」以上の(一)―(四)の場合には、「龜」と「筮」がいずれも従うという共通点があって、即ち神を代表する卜と筮が賛成することを前提に、人間社会の要素として王・卿士・庶民のうち一者或いは一者以上が賛成すれば、「中吉」以上の結果が出ることが分かる。(五)の結果が、(一)―(四)と異なって吉凶が相半ばする「小吉」となった原因を考えれば、二者が従って三者が逆らい、反対が賛成を上回ったことは確かにそうであるが、しかし本当の原因は「龜從筮逆」で、つまり神を代表する二者のうち一者が反対したところにある。

（五）と（六）とを比較してみれば、それがよく分かる。李惇の「三從二逆爲中吉、二從三逆爲小吉」という説によれば、（五）は「二從三逆」の「小吉」で、（六）は「三從二逆」の「中吉」であるから、（六）が（五）に優ることとなる。ところが経文では、（五）について「作內、吉：作外、凶」と明言されており、孔傳に「二從三逆、龜筮相違、故可以祭祀冠婚、不可以出師征伐」とあり、それが「國之大事、在祀與戎」という観念（『左傳』成公十三年）に一致することから、「作內」は祭祀冠婚を行うことで、「作外」は征伐などを行うことであると考えてよい。

（六）については「用靜、吉：用作、凶」とされており、孔傳に「安以守常則吉、動則凶」と見える。（六）の「用作」の「作」は（五）の「作內」と「作外」を両方含めており、（六）について具體的に言えば「用靜、吉：作內、凶：作外、凶」となり、消極的にそのままにすべきであって、積極的に行動してはいけないため、当然（五）のように祭祀冠婚の行事が許可されている状況に優ることはない。また、上の表を見れば容易に分かるのは、ここでは吉から凶へと次第に変化してゆく順番によって述べられており、（六）は最後となるので、（五）の「小吉」の次に（六）の「中吉」を述べると順番が逆になってしまう。従って、

（2）王引之『經義述聞』巻三の「子孫其逢」の条を参照、四七頁、一八二七年重刻本、八八頁、江蘇古籍出版社、一九八五年影印。

若し（五）を「小吉」とするならば、（六）を（五）に優る「中吉」と見なすことができず、実際は「作內、吉」の（五）が「用作、凶」の（六）に優っている。（五）は「二從三逆」で、（六）は「三從二逆」であるのに、（五）が却って（六）に優るのは何故であろうか。それは、（五）は「龜從筮逆」で、神を代表する二者のうちまた一者が賛成するのに対して、（六）は「龜筮共違于人」で、神の代表として二者とも反対することにより、それゆえ（五）には「作內、吉；作外、凶」と、（六）には「用靜、吉；用作、凶」という結果が示されているに相違ない。

以上六つの類型を通観すれば、大吉の（一）・中吉の（二）―（四）・小吉の（五）と凶の（六）という四つのクラスに分けることができよう。そのうち（六）は他のいかなるクラスとも異なっている。或いは（一）―（四）・（五）と（六）という三つのクラスに纏めることができる。それは、（一）と（二）―（四）は大吉と中吉の程度の差があるだけで、いずれも「作內、吉；作外、吉」のはずであり、（五）は「作內、吉；作外、凶」とのことで、（六）は「作內、凶；作外、凶」と言えるからである。そして神を代表する二大勢力としての「龜」（卜）と「筮」は、共に賛成すれば、結果は（一）―（四）の大吉か中吉のいずれとなるが、そのうち「筮」が反対すれば、結果は（五）の小吉となり、両者とも反対すれば、結果は（六）の凶となる。

このように纏めて見れば、吉凶の色々なパターンが明確になり、また吉凶の異なる結果が、卜筮によって決定されることが窺えるのである。これらは国家や社会の至る所に影響を及ぼしていると言ってよい。商代の意思決定は、既に各方面の要素を綜合的に考慮するようになり、しかも決定権のある者を王・卜・筮・卿士・庶人という五者に絞っていた(3)。尤もこの五者の力は拮抗するわけではなく、鄭玄の注に「龜筮皆與人謀相違、人雖三從、猶不可以擧事」とあり、王鳴盛が「人雖三從、終以疑、故卜筮。既用卜筮、不容違神而狥人故也」と説明しているように[4]、これらの五者のうち、神が人間に対して圧倒的権威を持っているのである。

（3） このような思考様式は、前五世紀に古代ギリシアの直接民主制を確立させたアテナイの民会における多数決の制度と共通するところが若干あるように思われる。橋場弦『丘のうえの民主政——古代アテネの実験』を参照、東京大学出版会、一九九七年。

（4） 王鳴盛『尙書後案』、巻十二、三七頁、禮堂藏版、一七八〇年。

第二章　卜の特徴

『尙書』洪範には、商代の卜筮に関する詳細かつ系統的な記録が残されている。前章では、その関連箇所を取り上げ、卜筮及びそれらによって反映される商代の神権について、古典文献を中心に詳しく検討してきた。本章では、卜いの時間・場所及びその方法に注目して、甲骨卜辞を精査し、典型的なものを挙げて、それらを具体的に分析することによって、商代における卜いの特徴を考察してゆこう。

第一節　卜の時間

商代の人々は卜と筮によって神の意思を伺っていたが、その具体的な媒介は甲骨、即ち亀甲と獣骨、それに著であった。詳しくは後述するが、太古の人間はこのような道具が吉凶を示す特殊な能力を有すると信じていた。一八九九年以来、河南省安陽縣の殷墟から大量の甲骨が出土し、商の王室貴族が卜占に用いた道具が地下での三千年余りの眠りの後再び姿を現し、商代の深く豊かな信仰世界を我々に見せてくれた。

殷墟は商代後期の都であり、盤庚から帝辛までの二百七十三年間に使用された亀甲獣骨は、出土したものだけで合計約十五万片に上っている。これによって商代卜占の頻繁さが窺える。「卜」の本義について、許愼『說文解字』三篇下・卜部に、「卜、灼剝龜也。象炙龜之形。一曰：象龜兆之縱衡也。凡卜之屬皆从卜。ㅏ、古文卜」とあり、段玉裁の注に、「火部：『灼、炙也。』刀部：『剝、裂也。』灼剝者、謂炙而裂之」と見える。(1) また『周禮』春官宗伯に、「大卜、下大夫二人」とあり、鄭玄の注に、「問龜曰卜」とある。また『管子』山權數には、「卜者、卜凶吉利害也」と説明されている。(2) 殷墟から出土した大量の甲骨は、亀甲と獣骨がいずれも商代の卜占に使用されていたことを示している。従って、「卜」とは亀甲や獣骨に熱を加えてひび割れを生じさせ、そのひび割れを観察して吉凶利害を予測することである。その字形の由来をめぐって、『說文』は「象炙龜之形」と「象龜兆之縱衡」との二説を提示しているが、段注は前者については「直者象龜、橫者象楚焞之灼龜」とし、後者についてはただ「字形之別說也」としている。董作賓氏は「卜之字、本象兆璺之狀」と指摘して、その字形について「應從後說。今甲骨刻辭中所有卜字、作ㅏㅏㅓㅓ形、皆象兆璺之縱橫。而其特異之點、卽在卜字之歧出、或左或右、各隨其兆璺而定」と述べている。(3) また字音について、段注に「灼、雙聲；剝、疊韵」とあり、桂馥は「卜、剝聲相近」と言っているが、(4) 董氏は更に「余謂不惟卜之形取象於兆璺、其音亦象灼龜而爆裂之聲也」と論じた。(5) 董作賓は甲骨の実物を考察したうえで、形・音・義の三つの角度から「卜」字について精確に分析しており、その結論が「卜」に関する問題を探究する上での出発点となっている。

『左傳』桓公十一年に「卜以決疑、不疑何卜？」と見え、卜占の目的は未来の事柄を予測することに定まっている。甲骨では、明らかに未来の事柄についてトった卜辞が至る所に見られるが、以下いくつかの例を挙げてみよう。

(1) 甲子卜、旅貞：今日亡〔來〕媗。【二期、甲2125＝合24161】[6]

(2) 甲子卜、貞：今夕亡囚。【一期、合16601】

---

(1) 本書では、許愼『説文解字』や段玉裁の注を引用する際に、特記のない場合は、段玉裁『説文解字注』（一八一五年經韵樓刊本による一九九八年浙江古籍出版社影印本）により、原則として本文に出典を記す。

(2) 『管子』山權數、巻二十二、一一頁、常熟瞿氏鐵琴銅劍樓藏宋刊本による影印本、『四部叢刊』所収、商務印書館、一九二六年。

(3) 董作賓「商代龜卜之推測」、『安陽發掘報告』所収、第一冊、一〇七―一〇九頁、國立中央研究院歴史語言研究所専刊之一、一九二九年、また『董作賓先生全集』所収、甲編、第三冊、八六一―八六三頁、藝文印書館、一九七七年。

(4) 桂馥『説文解字義證』、巻八、九二頁、連筠簃楊氏刻本、一八五二年、二六七頁、齊魯書社影印、一九八七年。

(5) 同注3。

(6) 本書では、甲骨卜辞を引用する際に、原則として釈文は卜辞の原形に近い所謂「厳式」の表記法を用いて、必要に応じて（ ）で現代の字形を附記する。直接関係しない卜辞及び卜兆の順番を示す「兆序」やセットになっている卜辞の占卜の順番を示す「卜数」を省略する。欠けた一文字を「□」で、欠けた字数がはっきりしないものを「……」で表示し、半分以上欠けているがまだ判読できるものに〔 〕を、元々欠如していて他の卜辞または文例によって補ったものに｛ ｝を付ける。董作賓の五期区分法によってその時期を附記し、時代順に各書の著録番号を掲げて出典を記す。著録書の略称については、附録の「甲骨著録略称表」を参照。同一の甲骨を「＝」で、綴合を「＋」で、独立した著録番号を有しない部分を「α」で表記し、必要に応じて同一の甲骨を「（ ）」・「〔 〕」・「｛ ｝」で括る。

（3）甲子卜、何貞：羽乙丑其又大乙、叀馭壴遟。【三期、甲2602＝合27088】
（4）甲子卜、翊日乙王其田目、亡戋。吉。【歷組、明藏1956＝合33367】
（5）甲子卜、扶、酌卜丙钔。【一期、合19838＝屯4517】
（6）甲子卜、㫚丙雨、乙丑昃雨自北少。【一期、乙60＋乙181＋乙202＝合20967】
（7）甲子卜、又于伊尹、丁卯。【歷組、珠638＝合32785】
（8）甲子卜、丁卯不雨。【歷組、戩17.6＝續4.22.6＝合33783】
（9）甲子〔卜〕、酌大戊钔。【一期、合19838＝屯4517】
（10）甲子卜、今日至戊辰雨。【歷組、粹667＝合33868】
（11）癸亥卜、永貞：旬亡𡆥。【一期、甲2399＋甲2414＝合522正】
（12）甲子卜、爭貞：來乙亥告𦎫其西于六元示。【一期、甲零28＝合14829】
（13）甲子卜、出貞：來丁亥其……【二期、人1361＝合25890】
（14）乙亥卜、㝵貞：羽乙亥酌𢆶、易日。乙亥酌、允易日。【一期、前7.4.1＝合13307】
（15）甲子卜、來歲受年。八月。
　來歲不其受年。【一期、簠歲9＝合9659】
（16）甲子卜、殻貞：我受黍年。【一期、簠歲16＋（簠雜46＝續5.34.3）＋（簠雜47＝續2.29.3）＝合303】
（17）甲寅王卜、才亳貞：今日□〔于〕雝、亡災。【五期、前2.9.6＋（後上9.12＝合36555）＝合36567】
（18）甲寅卜、才雝貞：王今夕亡畎。【五期、簠地18＝續3.31.7＝合36565】

以上は第一期から第五期まで各時期の卜辞を挙げているが、計算の便宜上、なるべく「甲子卜」のものを選んでいる。これらの例から次のようなことが明らかになってくる。即ち（1）・（2）は当日のことについて、（3）・（4）は翌日のことについて卜っている。（5）と（9）はそれぞれ卜（外）丙と大戊への祭祀に関するもので、それぞれの日名と同じ丙寅と戊辰の日に祭ることについて卜占していることから、（5）・（6）は三日目のことについて、（7）・（8）は四日目のことについて、（9）は五日目のことについて、（10）は甲子から戊辰まで五日間のことについて卜いを行った。（11）はよく見られる卜旬のもので、甲子から癸酉まで十日間のことを卜っている。（12）は十二日目のことについて、（13）は二十四日目のことについて卜占している。（14）は乙亥の日に次の乙亥の日のことについて卜ったもので、何と六十日後の事柄について卜うこととなる。[7]（15）は翌年の豊作かどうかについて卜っているが、（16）は今年か来年か明記していないが、今年のことにつて卜う可能性が高いようである。いずれにせよ、未来の事柄ついて卜ったことは間違いない。以上の卜辞は、商代の卜人が神への信仰に基づいて、未来の事柄についての予測を目的として卜占を行っていたことを示している。卜いに取り上げられた日とその実施日の間には様々な時間的な間隔があって、近ければ一日以内で、遠ければ六十日間となり、また一年間の場合もある。

　多くの卜辞に卜占の日が記されているが、卜占の時刻まで書かれたものはなかったようである。かつて董作賓は（17）・（18）を挙げ、それぞれ帝辛の時に「征人方」の途中で「卜行」と「卜夕」のものと説明し、次のようなことを指摘している。即ちこの二条の卜辞に取り上げられた日は同じく甲寅であるが、卜いの時間と場所が異なっている。「卜行」は甲寅の早朝に、王が亳で自ら卜ったが、それから雎（鴻）に向かって

（7）唐蘭『殷虚文字記』所収「釋羽翊昱」、一三頁、中華書局、一九八一年。

出発し、甲寅の夜、無事に雈（鴻）に到着したので、太卜と太史が慣例どおり王のために「卜夕」を行った。この二回の卜占は同日に行われたという(8)。これによれば、商代の卜占は一日のうち異なる時間に行われていた。

商代の占卜は、一つの事柄について一回のみ卜う場合に限らず、同一の事柄を幾度も卜うこともよくあるので、多くの対貞卜辞・選貞卜辞・同文卜辞・セット卜辞が残されている。商代の人々は同じ事柄について、よく肯定と否定の両方から卜って、一対の対貞卜辞を記す。例えば（15）は肯定と否定の両方から来年が豊作かどうかについて卜ったものである。殷人も同一のテーマについて、そのうちある側面を取り上げて何回か卜占して、選貞卜辞を残す。例えば（19）は父の丁に桒という祭祀をする時に牛をそれぞれ一頭・二頭・三頭使う場合の吉凶についてトっている。

（19）貞：父丁桒一牛。
　貞：二牛。
　貞：三牛。【一期、合23274】

（20）壬辰卜、弜至日。一　二　三　四　五　六　七　八　九　十　十一
　壬辰［卜、至日］。一　二　三　四　五　六　七　八　九　十　十一　【一期、乙5399＝合22046】

（21）乙巳卜、㽙貞：羽受年。【一期、合9789】

（22）乙巳卜、亘貞：羽不其受年。【一期、前7.43.1（不全）＝存下70＝合9790正】

商代の人々は同じ事柄について煩を厭わずに繰り返し卜うこともよくあったもので、厳一萍は（20）のト

甲を挙げて、その兆序を示す数字には「十一」の合文があって、卜兆の数が十を超えており、肯定型と否定型の問いかけを合わせて数えれば、二十二にもなると指摘していることから、一つの事柄に対して同じ問いかけ方による卜いは十一回も行われる場合があったことが確認される。[9] また胡厚宣は、商代では同一の事柄について複数回占卜を行う際に、同じ甲骨であれば、普通は一条の卜辞を刻むが、卜兆の距離が遠ければ、同一の卜辞をそれぞれの卜兆の側に刻むと述べている。異なる甲骨を使う場合には、同一の卜辞はしばしばそれぞれの甲骨に刻まれており、それが所謂「卜辭同文」である。[10] 胡氏は当時見ることのできた卜辞を綜合的に考察し、十一類九十八例を挙げて詳しく説明している。例えば「同文反正例」の部分で（21）・（22）の卜辞がほぼ同じであるが、それぞれ咠・亘によって担当されているので、「同文異史」の例でもある。

その後、張秉權は序数について研究し、セットになる卜辞と甲骨を発見して、商代の人はセットの亀甲を用いて一つ或いは複数の事柄についてトうことがあると述べる。張氏によって発見されたものから見ると、五つ以上の亀甲を使ったものはなかったようである。[11] また張氏は、「成套卜辭是由甲骨上的那些在同一天內占卜同一事件而連續契刻在若干卜兆之旁的若干條辭義相同而序數相連的正問或反問卜辭組合而成的」と

（8）董作賓「殷代的紀日法」、『國立臺灣大學文史哲學報』第五期所収、三八八頁、また『董作賓先生全集』所収、甲編、第一冊、七七頁。
（9）嚴一萍「甲骨文斷代研究新例」、『慶祝董作賓先生六十五歳論文集』（『中央研究院歴史語言研究所集刊外編』第四種）所収、下冊、四八六頁、一九六一年。
（10）胡厚宣「卜辭同文例」、『國立中央研究院歴史語言研究所集刊』第九本所収、一四三―一四四頁、一九四七年。
（11）張秉權「卜龜腹甲的序數」（『中央研究院歴史語言研究所集刊』第二十八本上冊所収、一九五六年）を参照。

述べ[12]、その由来を分析して、甲骨と卜辞の二つの分類基準を掲げ、セット卜辞をそれぞれ四類に分け、セット卜辞の価値を詳しく論じ、とりわけ啇代の卜占制度についてより深く探究している。以下、典型的なセット卜辞を二組挙げて見てみよう。

(23) ① 丁酉卜、爭貞：乎甫秜于娟、受㞢年。一
② 丁酉卜、爭貞：弗其受㞢年。一
③ 甫耤于娟、受年。二　三　二告
④ 貞：弗其受㞢年。二　三　二告
⑤ 受年。四
⑥ 弗其受。四
⑦ 貞：受年。五　六
⑧ 弗其受㞢年。五　六【一期、乙3212＝合13505正】

(23) の卜甲の正面には合計三組十四条の卜辞があるが、ここでは最初の一組八条を挙げておく。この八条の卜辞は丁酉の日に豊作の問題についてトった一セットのもので、トいの日にちも卜占事項も同じである。その序数を見れば、同様のトいが肯定型と否定型の問いかけによってそれぞれ六回ずつ行われたことが分かり、また肯定型の命辞を記した①・③・⑤・⑦の四条の卜辞が亀甲の右側に、否定型の命辞を記した②・④・⑥・⑧の四条の卜辞が亀甲の左側に規則的に刻まれている。なおこのセット卜辞は全く同じ文句で

はなく、後に行われたものについてかなり省略され、簡単に記しているため、その序数を利用しなければ全貌は相当分かりにくい。このようなセット卜辞から、商代の占卜の複雑さをある程度理解できよう。次の一組の卜辞は更に複雑なものとなっている。

(24) ① 甲辰卜、｛殻｝貞：王勿｛卒入｝、于｛稡入｝。一
② 甲辰卜、殻貞：王入。一
③ 貞：王咸酌登、勿宔羽日。一
④ 甲辰卜、〔殻〕貞：王宔羽日。一
⑤ 〔乙〕卯卜、殻貞：立黍。一
⑥ 貞王勿立黍。一【一期、乙3323＝丙34＝合9520】

(25) ① ｛甲辰卜、殻貞：王勿卒入、于稡入。二｝
② ｛甲辰卜、殻貞：王入。二｝
③ 貞：王咸酌登、勿宔羽日。二
④ 甲辰卜、殻貞：王宔羽日。二
⑤ 乙卯卜、殻貞：王立黍、若。二

---

(12) 張秉權「論成套卜辭」、『慶祝董作賓先生六十五歳論文集』(『中央研究院歴史語言研究所集刊外編』第四種)所収、上冊、三八九頁、一九六〇年。

⑥ 貞王勿立黍。二【一期、乙3152＋乙3733＝丙35＝合9521】

(26)
① 甲辰卜、㱿貞：王勿卒入、于稌入。三
② 〔甲〕辰卜、㱿貞：王入。三
③ 貞：王咸酢登、勿宜羽日上甲。三
④ 貞：王卒宜羽日。三
⑤ 貞：〔王〕立黍、若。三
⑥ 貞：王勿立黍。三【一期、乙2832＋乙3341＝丙36＝合9522】

(27)
① 甲辰卜、㱿貞：王〔勿〕卒入、于稌入。四
② 甲辰卜、㱿貞：王入。四
③ 〔貞：〕王咸〔酢〕登、勿宜羽日。四
④ 貞：王宜羽日。
⑤ 乙卯卜、㱿貞：王立黍。
⑥ 貞：王勿立黍。四【一期、乙3274＝丙37＝合9523】

(28)
① 甲辰卜、㱿貞：王勿卒入、于稌入。五
② 甲辰入、㱿貞：王入。五
③ 貞：王咸酢登、勿宜羽〔日〕。五　□告
④ 貞：王衣宜羽日。五
⑤ 乙卯卜、〔㱿貞：〕王〔立黍〕。五

⑥　貞：王勿立黍。五【一期、乙1331＋乙7766＋乙7988＋乙8045＝丙38＝合9524】

上の（23）と異なり、（24）—（28）は同程度の大きさの五枚の亀甲を用いて、三つの事柄についてそれぞれ五回卜った記録である。各卜辞はいずれも三組の対貞卜辞からなり、その序数によって、この三つの事柄に関する五回の卜いは、毎回決まった順番で異なる亀甲を使っていたことが分かる。このような規則正しいセット卜辞は商代における占卜文化の驚くべき爛熟を物語っている。

同文卜辞とセット卜辞の共通点は同一の事柄について占卜することにあるが、前者は同じ語句に、後者は続いている序数にそれぞれの特徴がある。同文卜辞に序数がなかったり続かなかったりする場合は、セット卜辞と言いがたく、同版のセット卜辞のうち、語を省略したりすることがある場合、必ずしも同文卜辞ではないため、同文卜辞とセット卜辞は重なる部分がありながら互いに区別できる二つの概念なのである。以上述べた対貞卜辞と選貞卜辞は問いかける角度が異なっており、同文卜辞とセット卜辞は占卜を繰り返している。これらの卜辞が大量に存在することは、商代の占卜が頻繁にかつ繰り返し行われていたことを示している。

第二節　卜の場所

卜いの時間だけではなく、商民族の占卜場所の選択も非常に興味深い問題である。朱鳳瀚は粹79、合32330、屯2707を挙げて、「商王以占卜形式乞得祖先神旨意時、有時是在祖先神的宗廟内進行的」と指摘している。(13) ここに『合集』・『屯南』・『英蔵』・『合補』・『花東』などを検し、各書に見える「在……宗卜」の卜辞を全て挙げて検討しよう。

(29) ……吉、才大宗卜。【三期、南明729＝合30376】

(30) ……四〔卯六〕羌。才且乙〔宗卜〕。
……豕、卯八羌……才大宗卜。【歴組、金120＝合41458＝英2404】

(31) 甲辰貞：其大钔王自……盟、用白豭九、〔下〕……
丁未貞：其大钔王自上甲血、用白豭九、下示汎牛。才父丁宗卜。
丁未貞：叀今夕酌钔。才父丁宗卜。【歴組、摭續64＝合32330】

(32) ……自上甲盟、用白豭九……才大甲宗卜。
□卯貞：其大钔王自上甲盟、用白豭九、下示汎牛。才且乙宗卜。
丙辰貞：其酌、大钔自上甲、其告于父丁。
□□貞：……其大钔王自上甲盟、用白豭九、下示汎牛。才大乙宗卜。
……大钔自上甲、其告于且乙。才父丁宗卜。
……〔酌〕大钔自上甲、其告于大乙。才父丁宗卜。【歴組、屯2707】

(33) 弜又歳。
庚辰貞：其桒生于匕庚、匕丙。才且乙宗卜。
辛巳貞：其桒生于匕庚、匕丙、牡、𦍋、白豭。

辛巳貞：其桒生于匕庚、匕丙、牝、〔乳〕、豼。【歴組、（續1.39.7＝合34084）＋（拾1.10＝合34082＝存補1.35.2）＝甲綴56】

（34）庚〔辰〕貞：〔其桒〕生〔于匕〕〔庚〕、〔匕丙〕。才〔且乙宗卜〕。
辛巳貞：其桒生于匕庚、匕丙、牡、羘、白豭。
〔辛巳〕貞：〔其〕〔桒〕生于〔匕〕〔庚〕、匕丙、〔牝〕、乳、豼。【歴組、粹396＝合34081】

（35）弜又歲。
〔庚〕〔辰〕〔貞：其〕桒〔生于〕匕〔庚、匕〕丙、〔才且乙〕宗卜。【歴組、屯441】

（36）丁酉□、〔羽〕祀。才□丁宗卜。
戊戌卜、羽祀。才大戊。
庚子、羽祀。才大庚宗卜。【歴組、屯3763】

（37）丁卯貞：王比沚〔或〕伐召方、受□。才且乙宗卜、五月。兹見。【歴組、屯81】

（38）丁卯卜、王令取勹羌谻旋。
才且丁宗〔卜〕。【歴組、屯3764】

（39）……亥……令。
才且乙宗卜。【歴組、屯4155】

（40）……來戌帝其降永。才且乙宗、十月卜。

（13）朱鳳瀚「殷墟卜辭所見商王室宗廟制度」、『歴史研究』一九九〇年第六期所収、一七頁。

……帝不降永。【歴組、屯723】

(41) 庚午貞：秋大隻……于帝五丰臣血……才且乙宗卜。玆用。　【歴組、粹12＝合34148】

(42) ……才且乙宗卜。【歴組、屯600】

(43) ……宗卜。六月。【歴組、屯3045】

以上の十五片はいずれも「宗」において占卜を行った卜辞である。『説文解字』七篇下・宀部に「㝉、尊祖廟也。从宀示」とあり、段注に「尊莫尊於祖廟、故謂之宗廟。宗从宀从示、示謂神也、宀謂屋也」と見える。これらの説明によって、「宗」の本義は祖廟であり、宗廟とも言うが、「宀」と「示」とからなる会意字で、位牌を安置する建物の意を表すことが分かり、従って「在某宗卜」とは宗廟で卜うことを表す。

(43) は缺損が甚しく誰の宗廟か分からないが、以上の占卜の場所としての宗は大宗と専廟の二種類に分けることができる。更に整理すれば、卜いの場所が記されている十五点の甲骨のうち、太乙一回／太甲一回／太庚一回／太戊一回／祖乙十回／武丁一回／康丁四回／□丁一回、ほかに大宗二回という記録が遺されている。注意すべきことは、以上の宗は例外なく全て直系の先王の宗廟であり、「大宗」もまた直系の先王を合祀する宗廟である。陳夢家によると、卜辞に傍系の「宗」はないので[14]、占卜の場所が直系の先王の宗廟に限られるのはごく自然なことと言える。

また、これらの卜辞のうち、(30)・(31)・(32) は祭祀について、(33)・(34)・(35) は生育について、(37) は戦争について、それぞれ卜った記録であり、卜占の内容は多種多様であった。最も興味深いのは (40) に見える帝が長期に亘って福を授けるかどうかに関する卜辞である。最高神の帝に直接関わっている事柄についても宗廟でトうことからすれば、商代の人々にとっては先王と帝が非常な密接に関係を有したことが推定される。直系の先王の宗廟でトいを実施することからは、商代の信仰の根底にある祖先崇拝と直系を重視する宗法観念が窺える。

商代の信仰世界では、宗廟が各種の宗教儀式を執り行う聖なる場所であったことは言うまでもない。三千年の時を経て、その地上建築物はもはや歴史の渦に消えてしまったが、考古発掘によって地下に埋もれていた建物の遺跡が明らかになり、それは商代建築物の復元の最も重要な手掛かりとなっている。一九二八—一九三七年の十年間、河南省安陽縣の殷墟で、中央研究院歴史語言研究所が十五回に亘って考古発掘を行った結果、「基址」と呼ばれる建築址が合計五十三箇所も発見されている。[15] 基址は建築物の下部の遺跡で、建築物の構造・規模及び相互関係などを示すものである。

図一のように、[16] 殷墟で発掘された建築址が洹河の沿岸地帯に分布しており、場所の性質及び建築址の構造によって、次のような三群に分けられる。

（一）甲組基址　　東西約九〇メートル×南北約一〇〇メートル、一五箇所あり

（二）乙組基址　　東西約一〇〇メートル×南北約二〇〇メートル、二一箇所あり

---

(14) 陳夢家『殷虚卜辭綜述』、四六九頁、中華書局、一九八八年。

(15) 石璋如『殷虚建築遺存』(『中國考古報告集之二・小屯・第一本・遺址的發現與發掘・乙編』)、「自序」、一頁、中央研究院歴史語言研究所、一九五九年。

(16) 同上、二一一頁の挿図四「安陽小屯殷代基址及水溝分佈圖」より。

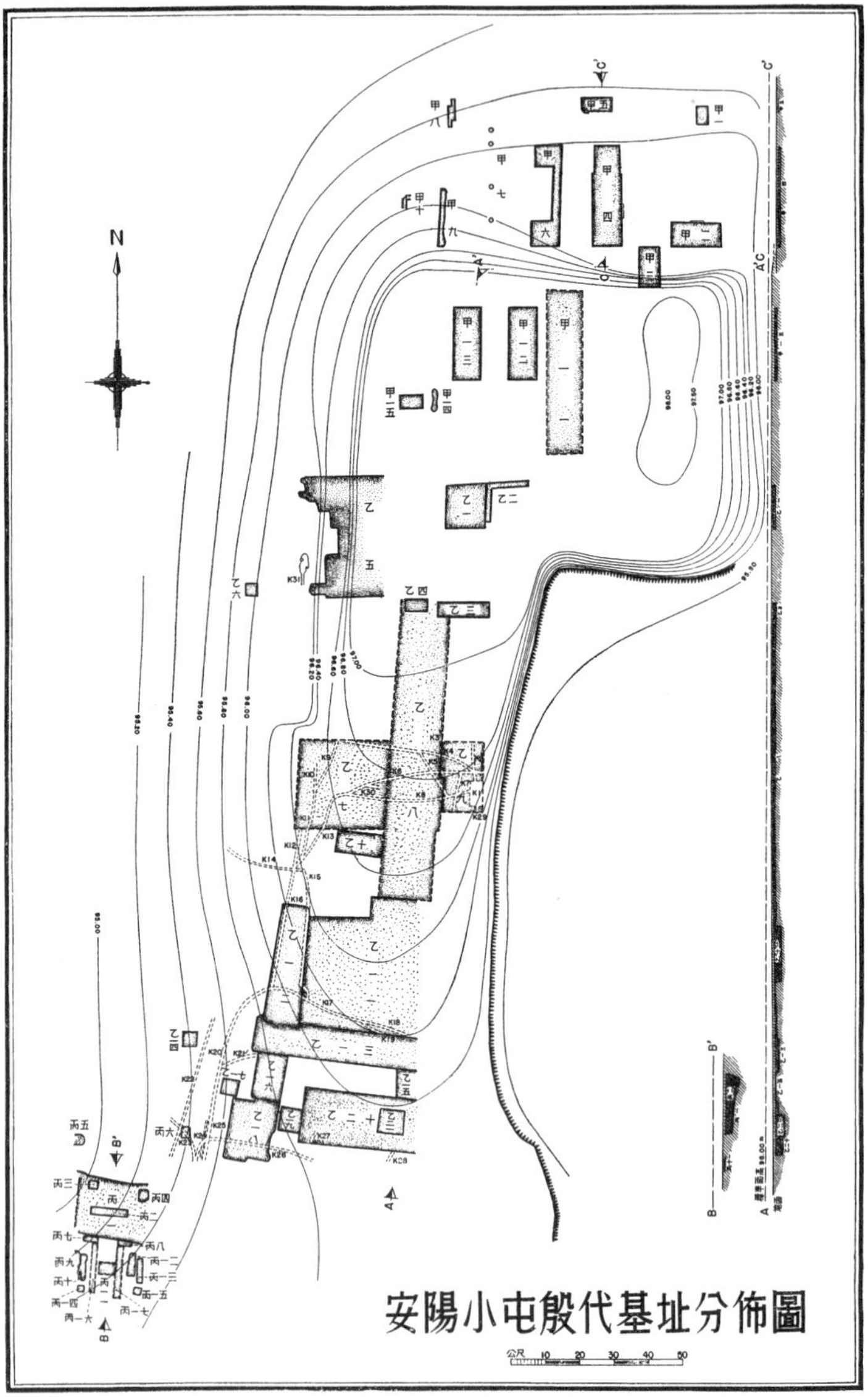

図一　安陽小屯殷代基址及水溝分佈圖

（三）丙組基址　東西約三五メートル×南北約五〇メートル、一七箇所あり[17]

石璋如は、以上三つの建築址群について、甲組基址は住居址、乙組基址は宗廟の所在、丙組基址は祭祀の場所であろうと推測していたが[18]、後に丙組基址は社稷であろう、乙組と丙組を比較してみれば、「左宗廟、右社稷」の可能性がかなりあると述べている[19]。石氏は更に殷墟の地上建築の復元研究を行い、甲組基址について以下の研究成果を発表している。

1、甲六基址は三報（報乙・報丙・報丁）二示（示壬・示癸）の宗廟であろう[20]。
2、甲十二基址は大乙九示の宗廟で、具体的には図二のように配置されていたと考えられる[21]。
3、甲十三基址は殷に遷った後の諸王の宗廟で、具体的には図三のように配置されていたと考えられる[22]。

甲十二基址と甲十三基址は隣り合っており、面積もほぼ同じため、盤庚の遷都を境にそれぞれ大乙九示と

(17) 同上、二一〇—二一二頁。
(18) 同上、二三二頁。
(19) 石璋如「河南安陽小屯殷代的三組基址」、『大陸雜誌』第二十一巻第一期・第二期合刊所収、二六頁、一九六〇年。
(20) 石璋如「殷虚地上建築復原第四例——甲六基址與三報二示」を参照、『中央研究院第二屆國際漢學會議論文集——歴史與考古』（上冊）所収、一九八九年。
(21) 石璋如「殷虚地上建築復原第五例——兼論甲十二基址與大乙九示及中宗」を参照、『中央研究院歴史語言研究所集刊』第六十四本第三分所収、一九九三年。なお、本章の図二は前掲文の七五四頁の図七の「大乙九示系列」より。

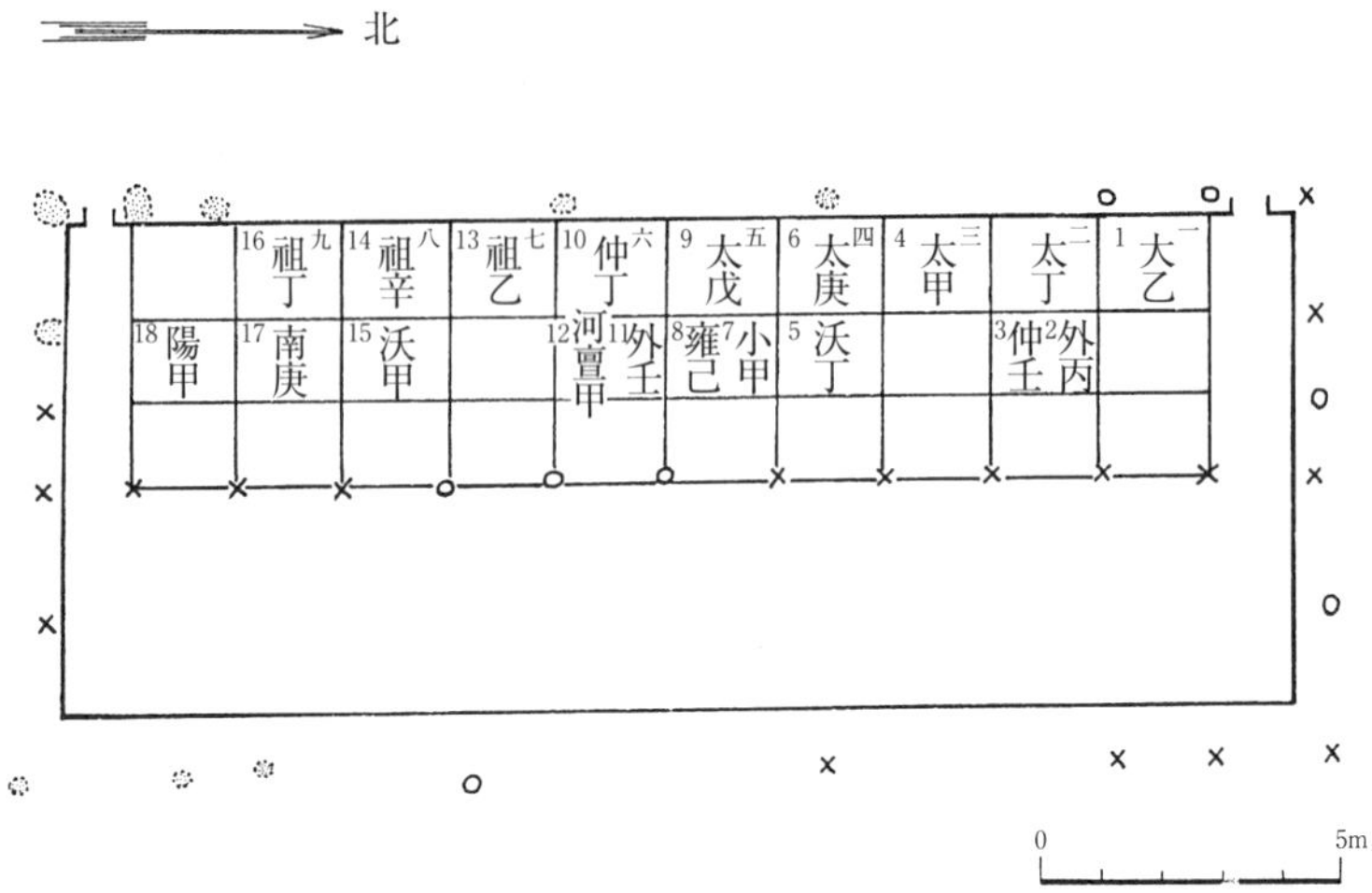

図二　甲十二基址における大乙九示の配置図

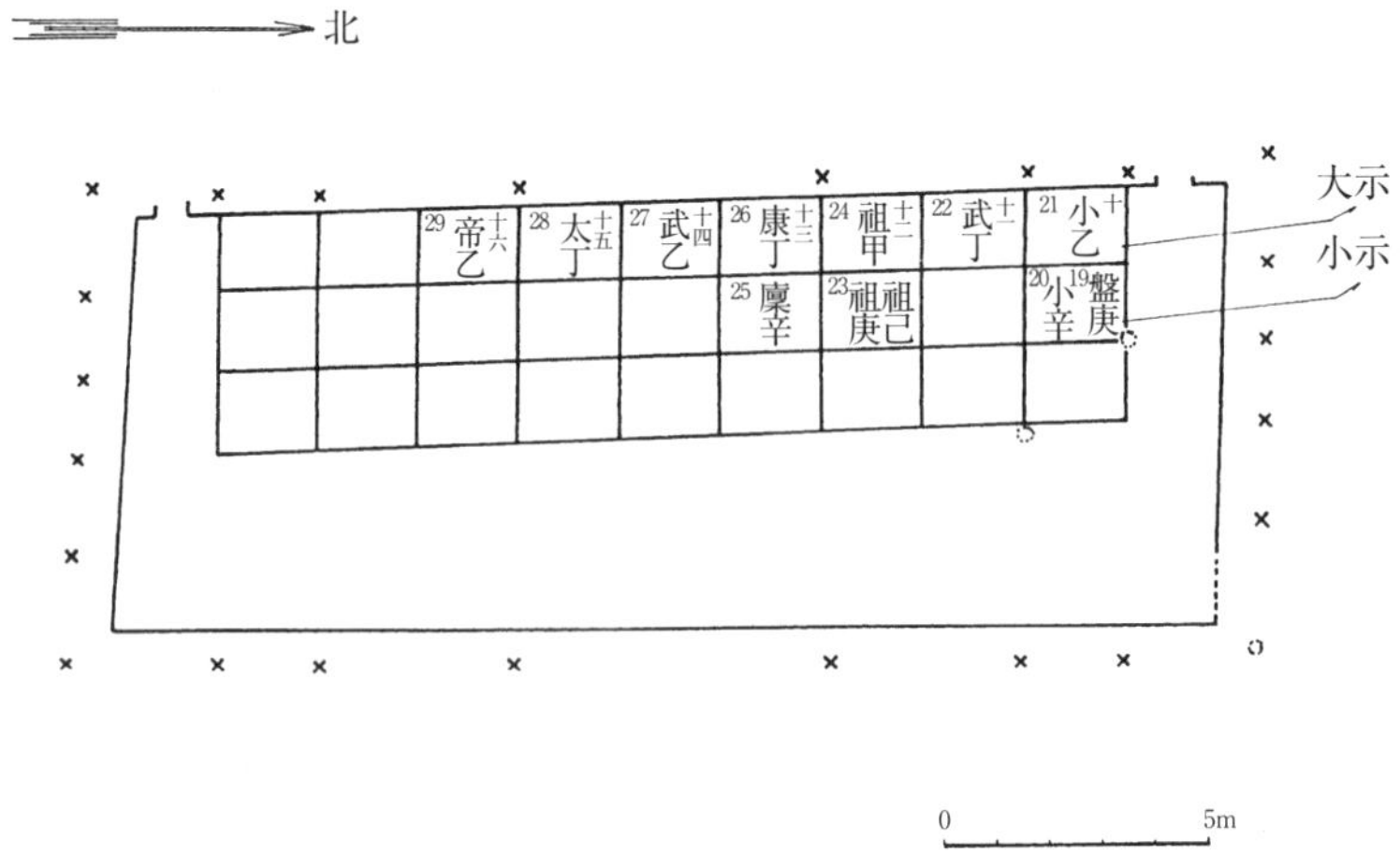

図三　甲十三基址における盤庚以降諸王の配置図

盤庚以降諸王の宗廟であると推定される。ただ甲十三基址は甲十二基址に倣って復元されており、甲十二基址では先王一人あたりに設けられた祭祀区域の幅は僅か一・八〇メートルで[23]、その区切られた個々の祭祀区域は直系の先王の個人の宗廟とは考えにくい。石氏も「甲十三基址之宗廟、很有理由爲遷殷後諸王之宗廟。至於特別爲某人作紀念堂者則另當別論」と述べ、直系の先王の個人の宗廟は別に考えなければならないとの認識を示している[24]。従って、(23)―(37)の卜辞に見える直系の先王の個人の宗廟は恐らく甲組基址にはなく、ほかのところにあると思われる。個別の建物が多く、祭祀の痕跡も認められている丙組基址に直系の先王の個別の宗廟があったかも知れない。

商王が戦争や狩猟などのため、都を離れた時にも、行き先の各地で卜いが行われていた。商王が赴いた都以外のところの地名を記録した卜辞が多く確認されている。この場合、商王や同行する卜人は勿論都の宗廟で卜うのではなく、各地のしかるべき場所で占卜していた。『左傳』成公十六年に、

楚子登巢車以望晉軍、子重使大宰伯州犂侍于王後。王曰:「騁而左右、何也?」曰:「召軍吏也。」「皆聚於中軍矣。」曰:「合謀也。」「張幕矣。」曰:「虔卜於先君也。」「徹幕矣。」曰:「將發命也。」

と見え、春秋時代の晉軍は戦地で幔幕を張って卜ったことが分かる。商民族も宗廟のないところで同じよう

(22) 石璋如「殷虛地上建築復原第六例――兼論甲十三基址與秘示」を参照、『中央研究院歴史語言研究所集刊』第六十五本第三分所収、一九九四年。なお、本書の図三は前掲文の四四四頁の図五の「甲十三基址大示小示平面復原示意圖」より。

(23) 同注(21)、七四九頁。

(24) 同注(22)、四四六頁。

に幔幕を張って卜っていたかは断言できないが、言うまでもなく神聖な場所を作って占卜したと考えられる。

都にいる時、商王は直系の先王の宗廟で卜うが、都を離れれば、行き先の各地でも卜いを怠らないことから、商代における占卜の場所選びの厳粛さと柔軟性が見えてくる。商民族にとって、どこに行っても、卜いは日常生活の中で欠かすことのできない重要な行事だったのである。

第三節　卜の方法

商代における亀甲と獣骨を用いた卜いの方法は伝わっていないが、現存する文献と甲骨の実物とを重ね合わせて検討すれば、ある程度推測・復元できよう。一九二九年、董作賓は殷墟から出土した甲骨の実物を仔細に観察して、『周禮』春官宗伯・『史記』龜策列傳など主に周代・漢代の卜法を記した典籍や、胡煦が呉の卜法を中心に前近代までの関連文献を纏めた『卜法詳考』[25]などの書物を手掛かりに深く分析し、「商代龜卜之推測」を著している。[26]この論文では、董氏は次のような十の方面に分けて商代の亀卜の方法について全面的に検討している。即ち（一）取用・（二）辨相・（三）釁奭・（四）攻治・（五）類例・（六）鑽鑿・（七）焦灼・（八）兆璺・（九）書契・（十）庋藏である。一九三一年、瞿潤緡は「骨卜考」を書き、骨卜について検討を試みたが、[27]一九三六年、董氏は「骨文例」を認めて、骨卜の卜法と文例をも考察した。[28]董氏はかかる系統的な研究によって、商代の亀卜や骨卜の方法に関する多くの問題を明らかにしただけでなく、その問題設定も示唆と啓発に富んだものであり、卜法に関わる基本的な課題を幅広く提示している。

一九五六年、陳夢家は甲骨の実物を観察し、文献記録を参照して、(一) 取材・(二) 鋸削・(三) 刮磨・(四) 鑽鑿・(五) 灼兆・(六) 刻辭・(七) 書辭・(八) 塗辭・(九) 刻兆など、殷墟甲骨に関する九つの工程について述べている。(29) 一九五七年、白川静は、董作賓の「商代龜卜之推測」と、日本に伝えられた中国の卜法を詳細に記録した伴信友の「正卜考」(30)とによって、商代亀卜の方法について説明している。(31) 一九七八年、嚴一萍は卜の過程で各担当者の役割を整理して、卜法をより詳しく分析している。(32) その後、多くの概説書は商代の卜法を取り上げて紹介するようになった。また卜法全般ではなく、そのうちの個別の課題についてそれぞれ深く考察した研究成果も数多く上げられている。(33) 本節では、限られた紙数で商代卜法の全てを纏めることはできないので、甲骨の扱い方に関するいくつか興味深い点を重点的に検討して、商代の卜法に示され

(25) 胡煦『卜法詳考』。

(26) 同注3。

(27) 瞿潤緡「骨卜考」、『燕大月刊』所収、第八巻第一期、一九三一年。

(28) 董作賓「骨文例」、『中央研究院歴史語言研究所集刊』所收、第七本第一分、五—四四頁、一九三六年・また『董作賓先生全集』甲編第三冊所收、九一三—九五二頁。

(29) 陳夢家『殷虚卜辭綜述』第一章第三節「甲骨的整治與書刻」を参照、中華書局、一九八八年。

(30) 伴信友「正卜考」、『伴信友全集』所收、第二冊、國書刊行會、一九〇七年。

(31) 貝塚茂樹編『古代殷帝國』Ⅳの一の「甲骨文とは何か」(白川靜執筆) を参照、みすず書房、一九五七年。

(32) 嚴一萍『甲骨學』第四章の二の「占卜」を参照、藝文印書館、一九七八年。

(33) 王宇信・楊升南編『甲骨學一百年』第六章第一節「商代甲骨占卜程式的探索」(宋鎮豪執筆) を参照、社會科學文獻出版社、一九九九年。

る甲骨の意義を見出したい。

甲骨は神聖な卜占道具として丁寧に扱われていた。甲骨は直接に地下に埋められたのではなく、実は織物に包まれていたことが張秉權の研究によって明らかにされた[34]。張氏は、中央研究院所蔵の甲骨を整理していて、非常に小さく、脆く薄い織物の欠片が泥と共に文字のない小さな卜甲に附着していることに初めて気づいた。綴合が行われた結果、このような標本が六十五片確認されている。そのうち、標本1は長さ二三八㎜、幅一五七・六㎜の大きな亀の腹甲で、織物が附着して文字のない欠片三片と、別の文字のない欠片一片と、『乙編』に収録された文字のある欠片九片とが綴合されたものである。A・B・C三つの欠片に附いている織物の各辺の長さについては、A片は左九㎜・右二九・五㎜・上二三・五㎜・下一九㎜で、B片は左二四・四㎜・右二九・㎜・上一九・六㎜・下一四㎜であるが、C片に残っている織物の欠片は六角形で、左二五㎜・左上一七・六㎜・上二八・六㎜・右上一〇・八㎜・右下二四・八㎜・下二〇㎜である。B片とC片にある織物の経糸や緯糸の本数は数えることができないが、A片は約五㎜毎に一五―一八本の経緯線が確認されている。電子顕微鏡によって鑑定したところ、甲骨に附着しているのは綿織物であることが推測される。

上記のA・B・Cの三つの欠片と『乙編』所収の文字がある甲骨とが綴合できたことから、無字の卜甲の欠片だけではなく、刻辞のある卜甲も織物に包まれていたこととなる。その文字によって、これは一九三六年、YH127坑から出土した第一期の武丁時代の卜甲であることも分かる。従って、武丁時代から甲骨がこのような織物に包まれていた可能性が強い。『周禮』春官宗伯・占人に「凡卜簭、既事則繫幣以比其命、歳終則計其占之中否」と見え、鄭玄は、「繫幣者、以帛書其占、繫之於龜也」と杜子春の説を引き、「既卜筮、史必書其命龜之事及兆於策、繫其禮神之幣而合藏焉」と述べている。卜辞を書く場所について、杜子春は帛つまり絹織物と、鄭玄は策つまり竹簡と説明しているが、しかし商代では直接に甲骨に刻まれていた。張秉權は「這些紡織品用來包裹甲骨、很可能就是當時的『禮神之幣』。也許、後來的所謂『禮神之幣』『繫幣』等等習慣、是從包裹甲骨這件事情上衍化而來的」と述べている。(35) 甲骨に附着している織物から文字が検出されない限り、張氏の説明は商代の実態と一致している。いずれにせよ、このことから、商代の人々が占卜に使った甲骨を織物で包んで大切に保管していたことは明らかである。たとえ卜いが終わっても甲骨はなお神聖なものとして扱わなければならないという意識が、この織物からもよく現れている。

使用済みの甲骨の最終的な処理方法として、地下に埋めることが知られていた。『禮記』曲禮上に「祭器敝則埋之、龜筴敝則埋之」と見え、鄭玄の注に「此皆不欲人褻之也」とあるように、祭祀や占卜の道具を埋めることは古代中国の原則である。しかし商代の処理方法はより複雑なものであった。これについて、董作賓は「存儲」(保存)・「埋藏」・「散佚」・「廢棄」など四つのケースがあると指摘しているが、(36) 以下、近年の考古発掘の成果をも取り上げて検討してみよう。

（一）保存

董氏によれば、第一回発掘の第九坑から第一・二・五期の甲骨が、第三回発掘の「大連坑」から第一・二・三・五期の甲骨がそれぞれ出土したことからすると、この二箇所は武丁・祖庚・祖甲の時代で甲骨を保

---

(34) 張秉權「小屯殷虚出土龜甲上所黏附的紡織品」(『中央研究院國際漢學會議論文集　歴史考古組』上冊所収)を参照。
(35) 同上、一四八頁。
(36) 董作賓『殷虚文字乙編』の「序」を参照、商務印書館、一九四八年。

存していたところで、後に使用中止となったかも知れないが、帝乙の時代になってまた甲骨を保存するところとして使われていた。小屯村の北にある朱氏の土地から、帝乙時代に人方を征伐した際に約一年に亘って、地方で卜いに用いられた甲骨が、保存された後に都に持ち帰られたことは、殷人が意図的に甲骨を保存していた明らかな証拠である。また、一九七三年発掘された小屯南地の灰坑H17から文字のある卜甲二片と卜骨一三六片が、灰坑H24から文字のある卜骨一三一五片が、一九九一年に発掘された花園荘東地の灰坑H3から文字のある甲骨六八九片が、それぞれ出土したが、これらの甲骨はいずれも殆ど隙間なくびっしりと積まれており、甲骨の堆積層から他の遺物は見当たらないという[37]。

なお、花園荘東地の灰坑H3から穴が開いている卜甲が百片以上発見されている。大多数の穴は、卜占の前に開けられたものと思われ、紐を通して複数の卜甲を纏めて保存するか、携帯するためであったろう。このほか、使った後に折れてしまった卜甲に穴を開けて紐で断片を繋げていた痕跡も見つかり、使用後の卜甲も無くさないように、工夫してなるべく完全な形で保存されていたことが分かる[38]。また、この灰坑H3の東西の壁には、出入りの足場として穴が三つずつ開けられていたことが分かり、単に甲骨の捨て場であればこのような足場は不要であるため、足場の存在もこの灰坑H3が元々甲骨を保存する場所であったことを示している[39]。これらの現象から、商代では甲骨が使用後にもかなり長期間で丁寧に保存されていたことが窺える。

(二) 埋蔵

使用後の甲骨は、時間が経つにつれて次第に脆くなり、保管しにくくなってゆく。甲骨は随時取り出せるようにいつまでも保存するわけにはゆかないため、最終的には慎重に地下に埋蔵される。一九三六年、文字のある卜甲一七〇八七片、卜骨八片が出土した有名なYH127坑は、これらの夥しい甲骨を一挙に入れて埋めたところである。また、花園荘東地の灰坑H３の甲骨堆積層の上には厚さ〇・六ｍの版築層が発見されている。地下に埋めた神聖な甲骨を永遠に守って、他人に冒瀆されないようにと作られたこの版築層は、甲骨を慎重に埋める意図を示している。(40)

（三）の散佚は、甲骨を運搬する時に稀に落としたことであって、（四）の廃棄は使用後の甲骨を練習などに転用したり、他の廃棄物と一緒に捨てたりしたことである。このような甲骨はいずれもそれほど多くない。

殷墟から出土した甲骨について、纏まって大量に見つかったものは、大体は大切に保存されていたものか、慎重に埋蔵されていたものか、或いは保存された後に丁寧に埋められたもののいずれかに属している。商代において使用後の甲骨もこのように大事に扱われていたことは、人々が甲骨の背後にある神に対して抱いていた畏敬の念を示している。

十余万片の甲骨は、商代に頻繁にかつ繰り返し行われた占卜・その厳粛かつ柔軟な場所選び・豊富な内容や成熟した方法を示している。また、これらは当時の信仰世界の制度化や多様化を表しており、卜いが商代の信仰世界に欠かせない重要な方法であり、神に対する信仰は商代の社会文化の決定的な要素であることを物語っている。

---

(37)『小屯南地甲骨』の「前言」、上冊、五—七。『殷墟花園荘東地甲骨』の「前言」、第一冊、一二—一四頁。
(38)『殷墟花園荘東地甲骨』の「前言」の七の「關於H３的有孔卜甲」を参照。
(39)『殷墟花園荘東地甲骨』の「前言」、第一冊、一二—一三頁。
(40) 同上、一二—一四頁。

第三章　筮の記録

亀甲や獣骨による卜いは、商代の信仰世界で神意を伺うために最もよく用いられた卜占方法ではあるが、決して唯一の方法ではない。『尚書』洪範に記されるように、商代には卜の外に筮も行われていた。そこで卜の特徴を考察した前章に続いて、本章では、筮の記録を取り上げ、商代に筮の行われたことを確認し、これに関係する書物『歸藏』や巫咸という人物について、甲骨卜辞のみならず、近年の考古発掘の成果をも取り入れて探究してゆきたい。

第一節　商代の筮の確認

商代における卜いの様相は甲骨の出土に伴って明らかになりつつあるが、これと別に筮の実施の有無は、その後も長い間意見の分かれるところであった。筮に使われていた蓍のような非常に保存しにくい道具が見つかっておらず、筮の存在を裏づける実物が問題解決の鍵となる。一九七八年、張政烺は奇数を陽爻に、偶数を陰爻にそれぞれ変換して、青銅器に見える三桁の数字を単卦（八卦）と、周原甲骨に見える六桁の数字を重卦（六十四卦）と認定し、後に青銅器の銘文にある易の卦を三二例集めて、数字の使い方や筮法について述べている。[1] それを契機に、数字の形を採った易の卦が広く知られるようになり、既に取り上げられた数字卦の数は二〇〇以上に上っている。[2]

数字で表された卦は新石器時代から漢代にかけて幅広く確認されているが、ここでは商代の甲骨に見えるものに絞って、管見の及ぶ限りの七片一四例を次のように纏めて、「□」を付けて『周易』の卦名を附記して整理してみよう。

（44）上甲。

六六六六。坤【一期、外448】（図四）[3]

（45）乙丑……貞多……囙曰：父乙……【正面、一期、巴24】

弋、六一一六。大過【裏面、一期、『文史』第二〇輯、一二頁】（図五）

（46）……喪、亡戋。吉。

六七七六。大過【三期、存上1980＝合29074】（図六）

（47）……矢……

十六五。震【三期、屯4352】（図七）

（48）七八七六七六曰隗。未濟

八六六五八七。明夷

七五七六六六曰魁。否【歴組、『中國考古學報』五、一九五一年、図版肆壹：1】（図八）

(49) 阜九、阜六。

七七六七六六。貞吉。漸

六七八九六八。蹇

六七一六七九。兌

友、八八八八八。坤【五期、『考古』一九八九年第一期、六七頁】（図九）

(50) 六八八八六六。坤

九七七。乾

一一六六一五。中孚【五期、『華夏考古』一九九七年第二期、図七：4】（図十）

まず第一期から第五期までほぼ全ての時期に数字の卦が僅かながら甲骨に現れていることから、商代に筮が行われたことは明らかである。多くの卦がトいの記録である卜辞と共に見られるのは、商代にはトと筮が並行して実施されていたことを示唆する。厖大な数に上る卜辞に比べて、ごく少数の卦から見ても、筮はあくまでトいの補助的方法であったろう。

(1) 張政烺「試釋周初青銅器銘文中的易卦」を参照、『考古學報』所収、一九八〇年第四期。
(2) 蔡運章「商周筮數易卦釋例」、『考古學報』所収、二〇〇四年第二期。
(3) 本書は、特記しない限り、甲骨の図版は全て原寸大であり、図版の出所の著録番号を掲げる。ただ雑誌から採ったものは出所が本文に記した一箇所しかなく、煩雑さを避けるため、その出所を省略する。

図六　合29074

図五

図四　外448

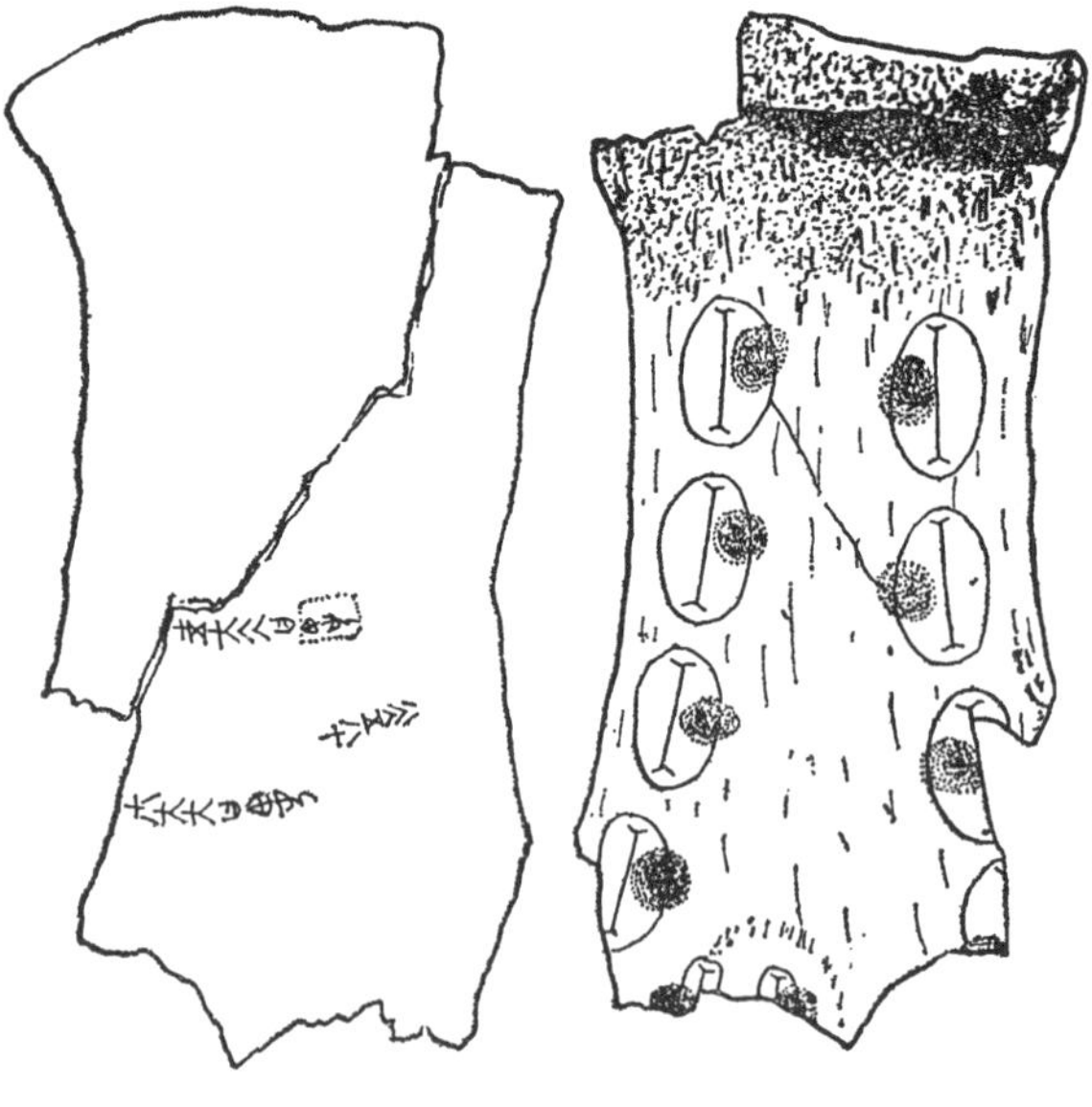

図八　（50%縮小）

図七　屯4352（50%縮小）

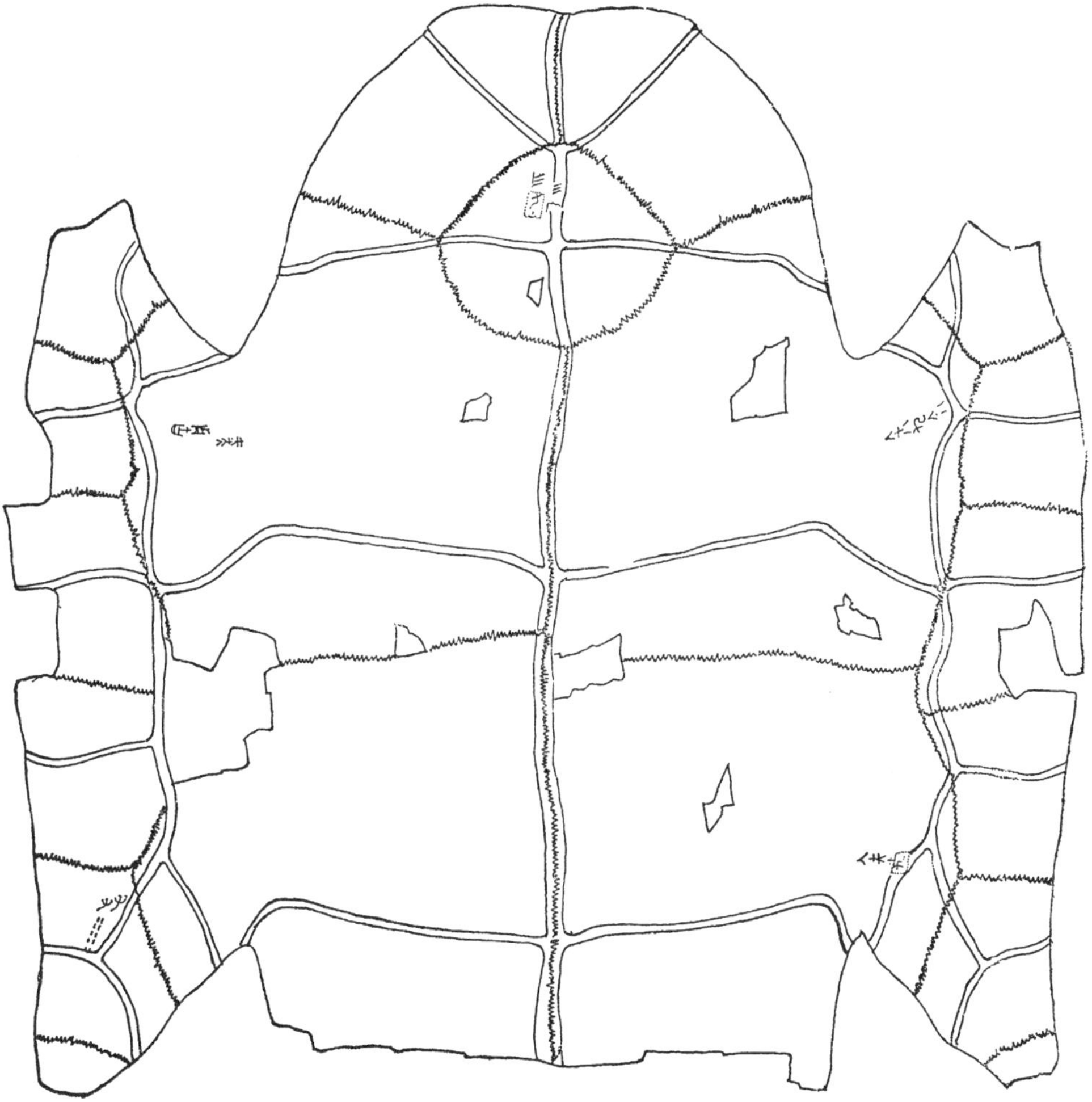

図九・一　(約50%縮小)

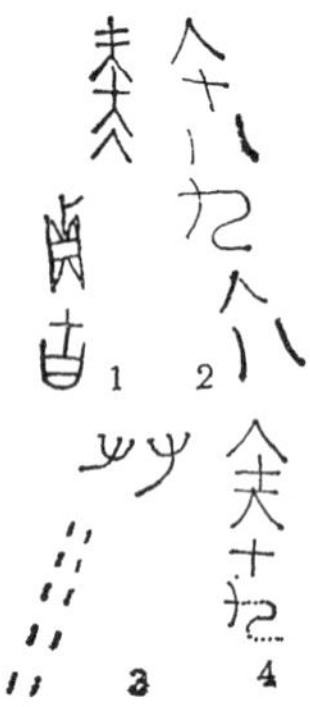

図九・二　図九・一の局部の拡大図

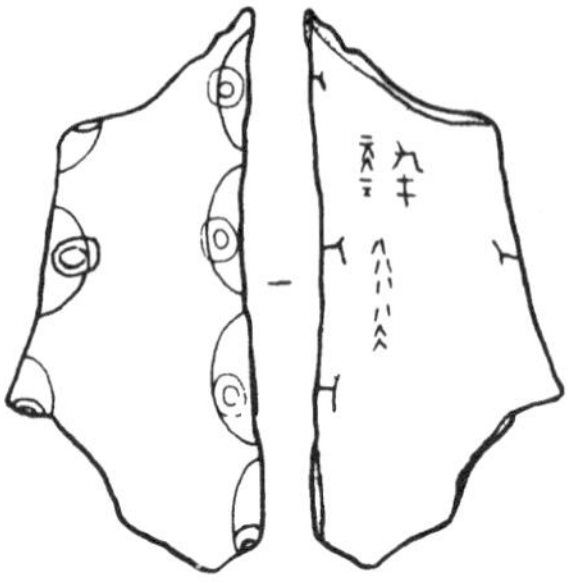

図十

以上の七片一四例には、卦と見なし得る連続した数字が合わせて七〇個用いられており、その出現頻度や割合を表二に掲げる。また、既述のように張政烺は（48）を含めて商代・周代の甲骨・青銅器などの器物から三二例の数字卦を集めて検討したので、その統計結果をも附しておく[4]。

表二　筮に使用される数字の頻度表

数字	商代甲骨 頻度	商代甲骨 割合	商周器物 頻度	商周器物 割合
一	6	9%	36	21%
二	0	0	0	0
三	0	0	0	0
四	0	0	0	0
五	4	6%	11	7%
六	27	39%	64	38%
七	16	23%	33	20%
八	13	19%	24	14%
九	3	4%	0	0
十	1	1%	0	0
計	70	100%	168	100%

表二のうち、いずれも「二・三・四」の数字が見当たらないのは、横線を重ねるこれらの字形が「一」と混同し易いため、意図的に避けられたからであろう。恐らく「二」と「四」が他の偶数に、「三」が他の奇数に書き換えられたので、「六・七・八」のよ

うな出現頻度が一段と高い数字が見られる。本稿では主に商代の甲骨に焦点を当てて筮を考察しているのに対して、張氏の資料にはそれより周代の甲骨や青銅器が圧倒的に多いのであるが、しかし「一」以外の数字はいずれもほぼ同じ割合で二群の資料に現れている。この興味深い現象を考えれば、周代、少なくとも西周前期の数字卦は本質的に商代の筮と異なっていないと言える。また商代から周代にかけて甲骨や青銅器の数字卦では、「一」という数字が商代甲骨に見られる筮より遥かに高い頻度で使われたのは、周人と殷人が数字の「一」に限って違う方法で処理していた結果かも知れない。

全体的に考察すれば、時代が降るにつれて、卦は三桁から増え、第四期になって六桁のものが見られるようになったのは、単卦から重卦へと発展してきたことを意味するであろう。それだけではなく、第四期から複数の卦も同一の甲骨に現れるようになった。第四期に重卦が既にあったからには、後の周の文王は初めて重卦を作った人ではなく、少なくとも周の易と別に商代の筮が早くも発展を遂げていたこととなる。更には、数字の「一」が『周易』の陽爻のマークに、数字の「八」が陰爻のマークに変化してきたという従来の説に対して再検討が要請され、数字の卦と『周易』の卦が別系統のものである可能性が高まっている。(5)

（4）同注1、四〇四—四〇六頁。
（5）李宗焜「數字卦與陰陽爻」、『中央研究院歷史語言研究所集刊』第七十七本第二分所収、二九〇頁、二〇〇六年。

第二節　『歸藏』の虚実

前節で商代の甲骨に見える筮の記録を検討する際に、参考のために『周易』の卦名をも挙げているが、しかし商代の全ての筮をそのまま『周易』に置き換えて同一のものと見なすのは少し危険である。

周知のように、『周禮』春官・大卜に「大卜……掌三易之法、一曰『連山』、二曰『歸藏』、三曰『周易』。其經卦皆八、其別皆六十有四」とあり、それによると、周代の大卜は「連山」・「歸藏」・「周易」という三種の「易」を掌っており、いずれも八卦と六十四卦があった。杜子春は「『連山』伏犧、『歸藏』黄帝」と述べ、「歸藏」を黄帝の「易」としていたが、鄭玄は『易贊』や『易論』で「夏曰『連山』、殷曰『歸藏』、周曰『周易』」と述べていることから、夏・商・周三代にはそれぞれ異なる「易」があり、そのうち商代の「易」が「歸藏」であったことが分かる。(6)

『左傳』や『國語』には、春秋時代に「易」によって筮を行う二二例が記されており、楊樹達はそれらを纏めて検討した。(7)そのうち『周易』に拠ったと推定できるところもあれば、そのように推定できないところもある。『周易』以外の筮に関して、『左傳』には次のような記事は注目すべきである。

故秦伯伐晉、卜徒父筮之、吉。涉河、侯車敗、詰之。對曰：「乃大吉也。三敗、必獲晉君。其卦遇蠱、曰：『千乘三去、三去之餘、獲其雄狐。』夫狐蠱、必其君也。蠱之貞、風也；其悔、山也。歲云秋矣、我落其實、而取其材、所以克也。實落材亡、不敗何待？」三敗及韓。（『左傳』僖公十五年）

六月、晉、楚遇於鄢陵。……（中略）……苗賁皇言於晉侯曰：「楚之良、在其中軍王族而已。請分良以擊其左右、而三軍萃於王卒、必大敗之。」公筮之、史曰：「吉。其卦遇復、曰：『南國蹙、射其元王、中厥目。』國蹙王傷、不敗何待？」公從之。（『左傳』成公十六年）

前者の卜徒父の筮について、杜預は注に「徒父、秦之掌龜卜者。卜人而用筮、不能通三易之占、故據其所見雜占而言之」と述べ、三種の「易」以外の「雜占」に拠ったとしている。後者の晉國の史の説明について、孔穎達は疏に「此實筮也、而言卜者、卜筮通言耳。此既不用『周易』而別爲之辭、蓋卜筮之書更有此類、筮者據而言耳」と言い、『周易』以外の卜筮の書に拠ったと指摘している。それは、前者の「千乘三去、三去之餘、獲其雄狐」や後者の「南國蹙、射其元王、中厥目」という筮辞のような言葉が『周易』には見られないからである。この二箇所について、顧炎武は「竝是夏、商之占、如『連山』、『歸藏』之類、故不言『易』」と論じ、それはいずれも『連山』や『歸藏』のような夏代または商代の占筮であると杜預や孔穎達より具体的に説明している(8)。顧氏の見解は明確かつ合理的であり、後に高亨も同じように考えている(9)。

また、『左傳』襄公九年には、

穆姜薨於東宮。始往而筮之、遇艮之八。史曰：「是謂艮之隨。隨、其出也、君必速出。」姜曰：「亡。是於『周易』曰：『隨、元亨利貞、无咎。』……（後略）……」

(6) 孔穎達「『周易正義』序」の「第三論三代易名」に引く。『十三經注疏』所収。
(7) 楊樹達『周易古義』、『楊樹達文集』所収、上海古籍出版社、一九九一年。
(8) 顧炎武『左傳杜解補正』、上巻、一五—一六頁、『借月山房彙鈔』第一集所収、一八〇八年。
(9) 高亨『文史述林』所収「左傳國語の周易説通解」、三六五、三六九頁、中華書局、一九八〇年。

と見え、杜預の注に「『周禮』、大卜掌三易、然則雜用『連山』、『歸藏』、『周易』、二易皆以七八爲占、故言『遇艮之八』」とあり、孔穎達の疏に、

此言「遇艮之八」、下文穆姜云「是於『周易』」;『晉語』公子重耳筮得貞屯悔豫皆八、其下司空季子云「是在『周易』」;並於遇八之下別言『周易』、知此遇八非『周易』也。

と見えることから、杜預や孔穎達は、このよう「八」に遭遇する時に別に『周易』を引用する場合、元々は『周易』ではなく、『連山』か『歸藏』によって筮を行ったと分析している。

更に興味深いことは、上に挙げている三例では、筮の担当者として僖公十五年（前六四五）の秦国の卜・成公十六年（前五七五）の晉國の史や襄公九年（前五六四）の魯國の史が登場した点である。晉は周の武王の子である叔虞の封国であり、晉の文侯が周平王の東遷を輔けた大きな功績が長く伝えられ[10]、後に晉の文公も勤王の事業を成し遂げて覇者となり、また春秋晩期の短期間に活躍した呉を除く諸覇者のうち、晉は唯一の周王朝の同姓つまり姫姓の国として百五十年以上中原の覇者の地位を保っていた。魯は周公の封国であり、周王朝から祝・宗・卜・史などの聖職者を下賜され[11]、周の文王への郊祀を含む天子の禮樂も使用できる[12]。秦は異姓の封国であるが、秦の文公が戎を伐って周の余民を収め、古公亶父・公季・文王の三世代に亘って周の都であった岐まで領土を拡大した[13]。晉や魯は周王朝の同姓の大国として周文化の伝統を長く守っており、また秦は周王朝の故地に興起して、色々な面で周文化の強い影響を受けていることから、言うまでもなく『周易』によって占筮を行うはずであった。それにもかかわらず、この三国の卜や史が『周易』以外の筮法をも使ったのは、『連山』や『歸藏』が支配者に珍重され、活用され続けていたことを示している。

なお、衛の祝佗は周代初年に封ぜられた諸国の背景を言及して、晉については「命以『唐誥』而封於夏虚、啓以夏政、疆以戎索」と、魯については「命以『伯禽』而封於少皞之虚」・「啓以商政、疆以周索」と述べている（『左傳』定公四年）。晉は夏王朝の故地にあり、魯は商王朝の方国の故地にあるため、それぞれの風俗を踏襲して政治を展開していたことが分かる。例えば、晉には夏正という夏の暦法が使われており、魯には周王朝の周社と商王朝の亳社という両社が併存していた(14)。このような文化背景を考えれば、晉の史が用いたのは夏代の『連山』で、魯の史が用いたのは商代の『歸藏』である可能性が高い。秦は晉と西戎に挟まれたところに位置し、その卜は晉の史と同じように『連山』に拠ったかも知れない。いずれにせよ、春秋時代においても、中原の晉はもとより、東は魯から、西は秦まで、『周易』の外に『連山』や『歸藏』も「易」

(10) 例えば『尙書』文侯之命の序に「平王錫晉文侯秬鬯圭瓚、作『文侯之命』」とあり、孔氏傳に「幽王爲犬戎所殺、平王立而東遷洛邑、晉文侯迎送安定之、故錫命焉」とある。また『左傳』隱公六年に「周桓公言於王曰：『我周之東遷、晉、鄭焉依。……（後略）……』」とあり、杜預の注に「幽王爲犬戎所殺、平王東徙、晉文侯、鄭武公左右王室、故曰『晉、鄭焉依』」とある。

(11) 『左傳』定公四年に「昔武王克商、成王定之、選建明德、以藩屛周。故周公相王室、以尹天下、於周爲睦。分魯公以大路、大旂、……（中略）……分之土田陪敦、祝、宗、卜、史、備物、典策、官司、彝器、因商奄之民、命以『伯禽』而封於少皞之虚」とある。

(12) 『史記』魯周公世家、第五冊、一五二三頁、中華書局、一九八二年。

(13) 『史記』秦本紀、第一冊、一七九頁。

(14) 楊伯峻『春秋左傳注』を参照、第四冊、一五三九―一五四〇頁、一五五九頁、また第一冊、二六三―二六四頁、中華書局、一九八一年。

として広く行われていたことが明らかである。

『周易』は卜筮の書として秦の焚書の難に遭わず今日まで伝わっており、『連山』や『歸藏』は遂に散佚してしまったが、漢代にはまだ遺っていたらしい。桓譚は「『連山』八萬言、『歸藏』四千三百言[15]」、「『厲山』藏於蘭臺、『歸藏』藏於太卜[16]」と述べており、『連山』が漢代の宮中の図書館である蘭臺に所蔵されていたのに対して、『歸藏』は太卜のところに所蔵されていたことが知られる。それは、夏代の『連山』より商代の『歸藏』が比較的新しく、漢代に入っても実用的で卜占する時にかなり参考となっていたであろう。隋代には『連山』は既に散佚したが、劉炫が『連山易』を含む書物百余巻を偽造して献上し[17]、後の『新唐書』藝文志・甲部經錄・易類に収録されている『連山』十巻が劉炫による偽書とされている[18]。

後に散佚した『歸藏』の卦名は古典の引用によってまだ断片的に残っている。饒宗頤は、馬王堆から出土した漢代初期の『周易』写本の卦名が今本『周易』とかなり異なっているが、比較してみれば却って『歸藏』の卦名に近いものもあることから、後世まで伝えられてきた『歸藏』の卦は必ず由来があって、全く無根拠ではないと指摘している[19]。従って商代の筮法として『歸藏』そのものが実在していたと考えられる。

現在のところ、『歸藏』の全貌は未だ把握されていないが、しかし商代の「易」としての『歸藏』が、夏代の『連山』や周代の『周易』と異なっている点がいくつか推測できる。これについて、やはり次のような孔子の言葉が大きな手掛かりとなっている。

言偃復問曰:「夫子之極言禮也、可得而聞與?」孔子曰:「我欲觀夏道、是故之杞而不足徵也、吾得夏時焉。我欲觀殷道、是故之宋而不足徵也、吾得坤乾焉。坤乾之義、夏時之等、吾以是觀之。……(後略)……」(『禮

記』禮運）

孔子に言及された「坤乾」については、鄭玄の注に「得殷陰陽之書也、其書存者有『歸藏』」とあり、更に陳澔は「坤乾、謂『歸藏』、商易首坤次乾也」と述べている。[20] 周代の『周易』では、まず「乾」という卦があってその次が「坤」であるのに対して、商代の『歸藏』では、孔子がわざわざそれを「坤乾」と称しているように、最初の卦が「坤」であって、続いて「乾」があったと思われる。また三代の「易」の名前からも同様のことが窺える。鄭玄は「連山者、象山之出雲、連連不絕；歸藏者、萬物莫不歸藏於其中；周易者、言易道周普、无所不備」と説明していることから、「歸藏」という書名は万物が全てその中に収められること

(15) 桓譚『新論』、『太平御覧』學部二に引く。巻六〇八、五頁、涵芬樓影印宋本による影印本、中華書局、一九六〇年。

(16) 同上、『北堂書鈔』藝文部・藏書に引く。巻一〇一、二頁、孫忠愍侯祠堂舊校影宋原本により、南海孔氏三十有三萬卷堂校注重刊、一八八八年。

(17) 『隋書』儒林傳、第六冊、一七二〇頁、中華書局、一九七三年。

(18) 『新唐書』藝文志・甲部經錄・易類、第五冊、一四二三頁、中華書局、一九七五年。なおこれとは別に、南朝の梁の元帝が『連山』三十巻を著したという（『梁書』元帝本紀、第一冊、一三六頁、中華書局、一九七三年）。梁の元帝の『連山』は、『隋書』經籍志・子部・五行類（第四冊、一〇三四頁）、『舊唐書』經籍志・丙部子錄・五行類（第六冊、二〇四一頁、中華書局、一九七五年）に収録されているので、『新唐書』にも藝文志・丙部子錄・五行類に収められている（第五冊、一五五三頁）。

(19) 饒宗頤「殷代易卦及有關占卜諸問題」、『文史』第二十輯所収、二―五頁。

(20) 陳澔『禮記集說』、一二二頁、『四書五經』所収、中冊、世界書局影印本、中國書店、一九八四年。

とを意味する。[21]『周易』坤にも「彖曰：至哉坤元、萬物資生、乃順承天。坤厚載物、德合无疆、含弘光大、品物咸亨」と見えるように、万物を収めるのは「坤」で表される地なのである。

『歸藏』の最初の卦が地を象徴する「坤」であって、「歸藏」の名前も地のことと密接に関わっていることから、商代には「坤」という卦が極めて重視されていたことが分かる。前節に挙げた甲骨に見える数字卦のうち、(44)には「上甲」と「坤」を表す「六六六六」という数字卦が記されている。『國語』に「上甲微、能帥契者也、商人報焉」とあるように、上甲は始祖契の功績を継承した祖先として、商民族から報という祭祀を受けており、[22]また周知のとおり、甲骨卜辞に見える体系化された周祭は上甲から始まっている。(44)は小さな断片であって、周りにどのような卜辞があったかは分からないが、周祭対象の始まりである上甲が『歸藏』の最初の「坤」という卦と共に記されているのは恐らく単なる偶然ではないように思われる。従って、甲骨に記載されているこれらの数字卦は商代の『歸藏』に基づいて行われたものと考えてよいのであろう。

商代の筮を記した『歸藏』は後に散佚し、嚴可均の『全上古三代秦漢三國六朝文』[23]と馬國翰の『玉函山房輯佚書』[24]の輯本が長い間用いられてきた。一九九三年、湖北省江陵縣の王家臺から秦代の竹簡が大量に出土し、そのうち「易」による占卜の竹簡が三九四点あって、総字数は約四〇〇〇字に上っている。[25]これらの「易」による占卜の竹簡の内容について、王明欽は『歸藏』のものとしており、[26]連劭名は後世の人が『歸藏』の筮法を利用して新たに編集した筮書と考えている。[27]李家浩は、それは「三易」の一つとしての『歸藏』であると述べている。[28]廖名春は、王家臺秦簡と嚴可均の輯本の『歸藏』とを比較して、嚴氏輯本のうちの二五条が秦簡に見えて、内容もほぼ一致しているため、それは『歸藏』の「鄭母經」であろうと指摘している。[29]任俊華・梁敢雄は当該秦簡と馬國翰の輯本とを比べて、馬氏輯本のうちの九条が秦簡に見えると説明し、また廖名春の述べた嚴氏輯本の『歸藏』の「初經」・「齊母經」・「本蓍」諸篇の佚文が秦簡には見られない問題を確認し、馬氏の輯本も同様であることを強調して、秦簡の卜占竹簡の内容は『歸藏』の抜粋と言った方がよいと述べている(30)。

いずれにせよ、王家臺秦簡の占卜に関する記載は商代の『歸藏』の一部と考えて間違いない。近年発見された秦代の竹簡本『歸藏』は、商代甲骨に見える数字卦と、宋代以降は断片的に伝わってきた『歸藏』とを繋ぐ要となっている。秦簡『歸藏』の発見によって、『歸藏』そのものの存在が実証されただけでなく、商代の筮に関する研究の進展も期待される。

---

(21) 同注6。
(22) 『國語』魯語上、巻四、杭州葉氏藏明金李刊本、『四部叢刊』所収。
(23) 嚴可均『全上古三代秦漢三國六朝文』、廣雅書局刊本による影印本、中華書局、一九五八年。
(24) 馬國翰『玉函山房輯佚書』、一八七一年濟南皇華館書局補刻本による影印本、文海出版社、一九六七年。
(25) 「江陵王家臺15號秦墓」、『文物』一九九五年第一期所収。
(26) 王明欽「試論『歸藏』的幾個問題」を参照、古方・徐良高・唐際根編『一劍集』所収、中國婦女出版社、一九九六年。
(27) 連劭名「江陵王家臺秦簡與『歸藏』」を参照、『江漢考古』一九九六年第四期所収。
(28) 李家浩「王家臺秦簡『易占』爲『歸藏』考」を参照、『傳統文化與現代化』一九九七年第一期所収。
(29) 廖名春「王家臺秦簡『歸藏』管窺」を参照、『周易研究』二〇〇一年第二期所収。
(30) 任俊華・梁敢雄「『歸藏』、『坤乾』源流考——兼論秦簡『歸藏』兩種摘抄本的由來與命名」を参照、『周易研究』二〇〇二年第六期。

第三節　巫咸と商代の筮

商代の筮について、前節では『歸藏』という書物を検討してきたが、本節ではもう一つの要素として、商代の筮に関係する人物によって考察してみたい。

『世本』作篇に「巫咸作筮」と見え、[31]『呂氏春秋』勿躬にも同じ記述がある。[32]これによれば、巫咸は筮を発明したこととなるが、ただ周知のように『世本』作篇に挙げられている人物は必ずしも本当の意味での発明者ではなく、寧ろその事柄に深く関係する者で、恐らく何らかの整理・統合・改良などを行った人物と考えた方がよかろう。『世本』作篇のこの記事によれば、巫咸は筮に密接に関係すると思われる。

巫咸の生きた時代について主には以下の三説があるので、それぞれ考察してみよう。

（一）黄帝の時代。『歸藏』には、「昔黄神與炎神爭鬭鹿之野、將戰、筮於巫咸。曰：『果哉而有咎』」と見える。[33]商代の筮を纏めた書物『歸藏』のこの記事から、巫咸は黄帝時代の人で、筮に精通していたとする。

（二）堯の時代。郭璞が「巫咸以鴻術爲帝堯之醫」と述べており、[34]巫咸は堯の時代の人で、医術に長けていたとする。

（三）商代。周公が「在太戊、時則有若伊陟、臣扈、格于上帝、巫咸乂王家；在祖乙、時則有若巫賢」と述べている（『尚書』君奭）、商王朝の重臣として巫咸が九代目の商王太戊の時代で活躍していたことは間違いないであろう。巫咸の子であった巫賢は十三代目の商王祖乙に仕えていた。この父子の名前から分かるように、巫咸・巫賢は世襲の巫の家に生まれ育った貴族であって、いずれも商代の神権政治に深く関与していた。

以上の三説では、巫咸は黄帝時代・堯の時代・商代に活躍していたこととなるが、時代の隔たりから見れば、互いに共通点はあるものの、同一の人物とは通常考えられない。そのうち、郭璞の説の出典は未だ見つかっておらず、その時代に関する記述は必ずしも信用できるものとは限らないが、少なくとも黄帝の時代と商代には、同名の巫咸がそれぞれ活躍していたと考えてよい。筮との関係から見れば、『世本』作篇に言われる筮を作った者は、黄帝時代の巫咸であった可能性が高い。

また、『山海經』大荒西經に「大荒之中、有山名曰豐沮玉門、日月所入。有靈山、巫咸、巫即、巫朌、巫彭、巫姑、巫眞、巫禮、巫抵、巫謝、巫羅十巫、從此升降、百藥爰在」とあることから、巫咸は十人の巫の首領であったことが分かる。(35) 巫咸らの昇降とは天に昇ったり神降ろしをしたりすることで、霊山には様々な薬があるというのは、恐らくその聖地の性格を表すだけではなく、巫咸をはじめとする巫が元々医者でもあったことを示唆しているであろう。ここに登場した巫咸がどの時代の人物かは不明であるが、黄帝時代の巫咸である可能性は排除できない。

しかし、商代の巫咸は筮と全く無関係ではない。『莊子』天運には、次のような興味深い記述がある。

(31) 『周禮』春官宗伯・龜人の賈公彥の疏に引く。
(32) 『呂氏春秋』勿躬、巻十七、一〇頁、涵芬樓藏明宋邦乂等刊本による影印本、『四部叢刊』所収。
(33) 『歸藏』、『太平御覽』に引く。巻七九。
(34) 郭璞『郭弘農集』所収「巫咸山賦序」、『漢魏六朝百三家集』所収、金閶徐氏刊本。
(35) 『山海經』大荒西經、巻十六、七四頁、江安傅氏雙鑑樓藏明成化戊子刊本による影印本、『四部叢刊』所収。

巫咸詔曰：「來！吾語女。天有六極五常、帝王順之則治、逆之則凶。九洛之事、治成德備、監照下土、天下載之、此謂上皇。」[36]

これについて兪樾は「六極五常、疑即洪範之五福六極也。常與祥、古字通。『儀禮・士虞禮』記『薦此常事』、鄭注曰：『古文常爲祥』、是其證也。『說文・示部』：『祥、福也』、然則五常即五福也。下文曰『九洛之事、治成德備』、其即謂禹所受之洛書九類乎」と分析しており、この巫咸が伝えたことと『尙書』洪範との関連性を指摘している。商代末年の箕子が卜と筮の系統について説明した内容と比べてみれば、その類似性は明らかである。従って、商代の巫咸も卜筮に精通していたと言えるし、筮の発展に何から寄与したことも十分考えられる。

『世本』に見える「巫咸作筮」という記述は、必ずしも商代の巫咸を指して言うわけではないが、しかし他の文献は、商代前期太戊時代の名高い聖職者であった巫咸が従来の筮をある程度発展させたことを示唆している。その背景には、予測の精度を上げるために、亀甲牛骨による卜いの補助手段として蓍による筮が必要になり、また目覚ましい文明の発展に伴って、ある原理・原則を見出して世界をより正確に捉えようとする努力があったと思われる。周の文王は、商王朝で商王に仕え、また監禁されていた頃、商民族の筮を学んで、それを参考に周民族の筮を改良して後の『周易』に発展させたのである。[37]

（36）『南華眞經』天運、巻五、三六頁、涵芬樓藏明世德堂刊本による影印本、『四部叢刊』所収。
（37）王錦民『古學經子——十一朝学術史新證』所収「易與周易」、三頁、華夏出版社、一九九六年。

第四章　卜と筮の関係

以上、文献に基づいて商代の卜筮の在り方を検討し、またいくつかの基本的な面から商代における卜と筮の諸相をそれぞれ考察してきた。卜と筮が商代の信仰世界に用いられた二大手段として、密接に関わっていたことは言うまでもない。両者が具体的にどのような関係にあったのかについても、文献資料に止まらず、甲骨卜辞を取り上げて明らかにする必要がある。

残念ながら、既述のように筮の記録として確認されている甲骨は数点に過ぎず、この限られた資料のみで商代の卜と筮の関係を見出すのは非常に困難である。幸いにも後の周代における卜筮に関連する資料が『周易』・『尚書』・『詩經』をはじめとする多くの経典に遺されており、とりわけ『周禮』には系統的に記録され、『春秋』経伝にも散見される。これらの資料の多くは直接商代の禮を説いたものではないが、「周監於二代、郁郁乎文哉」と孔子に絶賛された周代の禮は、夏や商という前王朝の禮を礎にして成立したことから、周代の関連資料は商代の卜と筮の関係を考察するための重要な手掛かりとなっている（『論語』八佾）。

卜と筮の関係は中国古代文明研究の重要な課題であり、多くの学者の関心を集めており、とりわけ近年、彭邦炯[1]・劉玉建[2]・宋鎮豪[3]らは様々な角度から研究を重ね、議論を深めてきた。本章では、諸氏の研究成果を踏まえて、周代卜筮の関係を出発点として、商周両王朝の歴史的変化にも留意し、従来の文献を精査して、甲骨卜辞と対照しながら商代における卜と筮の関係を探究してゆきたい。まず卜と筮の共通点について検討し、次に両者の相違点を分析して、それらの関係をより深く考えてみよう。

第一節　卜と筮の共通点

古代文明の初期段階では、人間にとって神は決定的権威を持つ存在であり、神の意志は自らの行動のしかるべき根拠であったが、中国も当然例外ではない。中国では、神意を伺うために、古くから卜や筮を含む様々な方法が用いられてきた。そのうち、卜と筮は最も重視され多用されていた。密接に関わる卜と筮との間には、次のような共通点が見られる。

一、霊的媒介物の使用

神意を伺う方法は、卜と筮の外にもいくつかあった。例えば、『周禮』春官宗伯に「占夢、掌其歲時、觀天地之會、辨陰陽之氣、以日月星辰占六夢之吉凶」とあるように、占夢の役割は色々な夢を分析してその吉凶を予測することであった。また同書に「眡祲、掌十煇之灋、以觀妖祥、辨吉凶」と見えるように、眡祲は太陽や雲を観察してその吉凶を予測する担当者であった。なお、同書によると、「司巫」・「男巫」・「女巫」が設けられ、司巫の役目には「掌巫降之禮」というのがあり、つまり神降ろしをすることであった。甲骨卜辞にも似たような記録が遺されており、これらの行事が商代にもあったことが分かる。

占夢や眡祲は経験や規則によって、人間の夢や自然現象から神の意思を比較的冷静に読み取ろうとすることである、巫の神降ろしは恍惚とした忘我の状況、所謂トランスのような異常心理状態において、神をはじめとする超自然的存在との直接的な接触や交渉によって、神の託宣を伝えようとすることである。前者は自ずと現れた心理現象や自然現象を通して間接的かつ受動的に神意を伺っているが、後者は人間に求められた神霊の憑依によって直接的かつ自発的に神の啓示を仰ぐのである。卜筮は甲骨や蓍を用いるという間接性では前者と共通しているが、人が積極的に操作して神意の現れを求めるという自発性では後者とも共通しているため、間接性と自発性を兼ね備えて両者のバランスを取った方法と捉えてよかろう。

更には、夢や太陽・雲は占夢や眡祲の観察対象であり、巫は神の代言者であったのに対して、甲骨や蓍はいずれも単なる観察対象でもなければ、神を代言する聖職者でもなく、実は霊的媒介物なのである。これは卜筮と占夢・眡祲・巫による神降ろしなどの方法との大きな相違点であると同時に、卜と筮との著しい共通点でもある。

では、何故甲骨や蓍が霊的媒介物と考えられていたのであろうか。春秋時代には、これは既に人々の関心を惹く興味深い問題となったようである。子路が孔子にこの問題を尋ねたことが、『論衡』卜筮篇に次のよ

(1) 彭邦炯『商史探微』第十章の二の(二)「卜筮決疑」と三の「商代筮占記録的初識及其包涵的辯證思想」を参照、重慶出版社、一九八八年。
(2) 劉玉建『中國古代龜卜文化』第五章第五節「卜與筮的關係」を参照、廣西師範大學出版社、一九九二年。
(3) 王宇信・楊升南編『甲骨學一百年』第六章第二節の四の「卜筮併用」(宋鎮豪執筆)を参照。

うに記されている。

子路問孔子曰：「猪肩羊膊、可以得兆；雚葦藁芼、可以得數、何必以蓍龜？」孔子曰：「不然、盖取其名也。夫蓍之爲言『耆』也、龜之爲言『舊』也、明狐疑之事、當問耆舊也。」(4)

子路は、亀以外にも豚や羊などの動物の骨から卜兆を得ることができるし、蓍以外にも雚・葦・藁・芼などの植物を使えば筮の数を得ることができると考えて、亀や蓍という道具に拘る必要性を率直に尋ねたのであるが、いかにも子路らしい尋ね方と言えよう。なお、『史記』龜策列傳に「蠻夷氐羌雖無君臣之序、亦有決疑之卜。或以金石、或以草木、國不同俗。然皆可以戰伐攻擊、推兵求勝、各信其神、以知來事」とあり(5)、また後述のように、新石器時代以來の遺跡から卜いに使われた豚や羊の肩胛骨などが多数発見されていることから、子路の問いは空想によるものではなく、事実を踏まえたものと思われる。これに対して、孔子は亀と著それぞれの名前から旧いという共通点をはっきり指摘して、疑問のある事項を明らかにするためには、旧いものに聞くべきであると強調している。

耆旧を重視する思想は商民族の末裔の孔子に始まったものではない。『尙書』盤庚上に「古我先王、亦惟圖任舊人共政。……(中略)……遲任有言曰：『人惟求舊、器非求舊、惟新』」と見えるように、商王盤庚は遅任の言葉を引用しながら、繰り返し旧人の重要性を訴えていた。耆旧を大切にするという孔子の考え方には、このような商文化の背景があったことが分かる。孔子が子路と交わしたこの会話は、経書には見られないが、双方の性格や文化的背景から見れば、信憑性の高いものと言える。

孔子の説明に従ったのか、許愼は『說文』で「龜」と「蓍」について以下のように解釋している。

龜、舊也。外骨內肉者也。从它、龜頭與它頭同。天地之性、廣肩無雄、龜鼈之類、以它爲雄。龜象足甲尾之形。（『說文』十三篇下・龜部）

蓍、蒿屬。生千歲、三百莖。『易』以爲數。天子蓍九尺、諸侯七尺、大夫五尺、士三尺。从艸、耆聲。（『說文』一篇下・艸部）

段注によれば、象形文字の「龜」を「舊」と解釈するのは畳韻によるものであり、即ち声訓の方法を用いている。また、章太炎は「龜之得名、㠯舊則取諸久；㠯可灸則取諸久」と述べており、更に声訓によって「龜」における「舊」（旧い）と「可灸」（熱を加えて卜兆を得る）という性質はいずれも「久」に由来すると考えている。[(6)] 一方、「蓍」は「耆」を音符とする形声文字である。孔子が「龜」と「蓍」の発音に注目して、そこから「舊」と「耆」という性質を見出したのは、よく使われる声訓という訓詁方法によるもので、文字学の立場から見ても信用できる。

「龜」と「蓍」の発音から分かる「舊」と「耆」の性質は、一般的によく使われる「舊《ふる》し」や「耆《お》ゆ」という意味ではなく、『說文』の説解で「龜」について「天地之性」と、「耆」について「生千歲」と説明しているように、いずれも「長生き」という特徴が明らかである。許愼のみならず、それ以前の漢代の学者たちもほぼ同じく次のように述べている。

（4）王充『論衡』卜筮篇、巻二十四、六頁、明の通津草堂本による影印本、『四部叢刊』所収。
（5）『史記』龜策列傳、第十冊、三二二三頁。
（6）章太炎『文始』、巻八、三頁、中文出版社影印本、一九七〇年。

1、牛蠬彘顱、亦骨也、而世弗灼、必問吉凶於龜者、以其歴歳久也。(『淮南子』説林訓)

2、蓍之言「耆」、龜之言「久」。龜千歳而靈、蓍百年而神、以其長久、故能辯吉凶也。(劉向の説、『禮記』曲禮上の孔穎達の疏に引く)

3、龜之言「久」也、十歳而靈、比禽獸而知吉凶者也。(劉向『洪範五行傳』、『太平御覧』に引く[7])

4、蓍之爲言「蓍」也、百年、一本生百莖、此草木之壽知吉凶者也、聖人以問鬼神焉。(同上[8])

5、乾草枯骨、衆多非一、獨以蓍龜何?此天地之間壽考之物、故問之也。龜之爲言「久」也、蓍之爲言「耆」也、久長意也。(『白虎通』蓍龜篇)

これらの議論によると、亀や蓍には未来の事柄の吉凶を知るという誠に不思議な能力があるのは、それぞれおよそ千年か百年も生きているからと考えられている。普通の動物や植物と異なって、極めて長生きする亀や蓍ほど霊的媒介物に相応しいものはなかったのであろう。既述のように、商代には耆旧を重視する思想は紛れもなく存在しており、様々な人生経験を積んだ老人が優れた見解を持つ権威ある者であるとされていたことから、それ以上に長生きする亀や蓍には、神と人間の間に介在して未来の吉凶を伝える神秘的能力及び重要な役割があると素直に考えられていたのであろう。なお、商代のトいに使われていた牛の肩胛骨に関しては、骨トそのものが伝わらず、いつしか中原民族の記憶から消えてしまったので、その霊力について語る史料は乏しい。ただ、一般的には、牛は神に捧げる貴重な生け贄であって、その祭祀儀禮の中で神聖化されることによって、その骨も霊的媒介物となったと思われる。

二、卜と筮の併用

卜と筮は、性格上異なる卜占方法として、元々独立して使われる時代があったと思われる。しかし、中国では遅くとも商代以降の長い間に、重大事項に関する意思決定には両者の併用が原則として定められていた。

この併用の原則を記した最も有名な文献はやはり『尚書』洪範であろう。第一章では国家の意思決定における卜筮の役割について、その「稽疑」の部分を挙げて詳しく検討したが、ここでは卜と筮の併用の原則に重きを置いて、「稽疑」の関連部分を改めて見てみよう。

七、稽疑。擇建立卜筮人、乃命卜筮、曰雨、曰霽、曰蒙、曰驛、曰克；曰貞、曰悔。凡七、卜五、占用二、衍忒。立時人作卜筮、三人占、則從二人之言。（『尚書』洪範）

箕子が商代の制度を周の武王に述べた際に、この「稽疑」の冒頭の部分だけでも「卜筮」という言葉を三度使っている。また既述のように、その続きの部分では、重大事項に関する意思決定の時に、王・卜・筮・卿士・庶民など五者の意見を考えなければならないことが論じられている。そのうち、卜と筮がいずれも圧倒的な発言力を持っていることが明らかである。更に「凡七、卜五、占用二、衍忒」という一句には、句読

（7）「十」・「比」はそれぞれ「千」・「此」の誤りであろう。劉向『洪範五行傳』、『太平御覽』鱗介部三（巻九百三十一、一一頁）に引く。

（8）「『蓍』也」は「『耆』也」の誤りであろう。同上、『太平御覽』百卉部四（巻九百九十七、三頁）に引く。

点の付け方の違いによって、これと異なる読み方が他に三種類あったが、劉起釪は、馬融・王粛や孔穎達のこの読み方に従うしかないとして、鄭玄・皮錫瑞・楊筠如と劉節の読み方を斥けた。その理由は、「乃命卜筮」の次に卜筮の名称の七項目が挙げられており、前の五項目（雨・霽・蒙・驛・克）は亀卜の対象として卜に属し、後の二項目（貞・悔）は占筮によって得た卦の二つの部分として筮に属するという具合に、それぞれの内容によって卜か筮に属しているが、「衍忒」はその変化を推論することで、卜と筮は両方ともそれを必要とするという。(9) ここからも卜と筮が併用され、それぞれの具体的な項目まで挙げられていることが分かる。文献だけではなく、前章で述べたように、卜い関連の記事の外に、筮の記録も商代後期の甲骨から発見されているのは、『尚書』洪範の記述を裏づけるものである。従って、商代に卜と筮の併用原則が既に確立していたことは間違いなかろう。

『尚書』洪範に記されるこれらの言葉は、箕子が殷周革命の後、自らを訪ねた周の武王に語った天下を治める大きな法則である。周王朝は必ずしもこれを契機に初めて商王朝の制度を踏襲したわけではないが、しかし周側が商代の多くの制度を継承したことが紛れもない事実であり、そのうちには卜筮併用の原則も含まれるであろう。次節で取り上げる資料からも分かるように、周代の文献には卜筮併用の記述が実に数多く遺されている。その典型として、『周易』繫辭上に「易有聖人之道四焉、以言者尚其辭、以動者尚其變、以制器者尚其象、以卜筮者尚其占」、また「探賾索隱、鉤深致遠、以定天下之吉凶、成天下之亹亹者、莫大乎蓍龜」と見える。周代のこの言葉では、「卜筮」が熟語として定着しており、また筮と卜の道具として「蓍」と「龜」が併称され、卜筮のことを指して言っている。『周易』の占筮の原理が聖人の道の一つであって、筮のみならず卜を行う時にもそれを尊ぶべきであると論じられ、更に天下の吉凶を定め、天下の偉業を成し遂げるものの中で、卜と筮ほど重大なものはないと、卜筮の重要性が強調されている。「聖人」や「天下」は周代以降好んで多用された概念であり、卜と筮が同時にこのような儒学のキーワードと結び付けて述べられたのは、周代には卜筮併用の原則が一層顕著となり、より普遍的な意味が付与され、新たに構築される儒学の理論体系に組み込まれつつあったことを示している。理論だけではなく、甲骨に記された数字卦のうち、商代より周代のものが多く発見されていることからも、卜筮併用の原則が周代に維持され、発展していったことが知られる。

商・周の両王朝に亘って実行されていた卜筮併用の原則は、恐らく商代に始まったものではなく、夏代乃至五帝時代に遡ることができよう。『尙書』大禹謨には、舜が禹に禅譲しようとする時の占卜の手続きをめぐる議論が次のように記録されている。

禹曰：「枚卜功臣、惟吉之從。」帝曰：「禹、官占、惟先蔽志、昆命于元龜。朕志先定、詢謀僉同、鬼神其依、龜筮協從、卜不習吉。」

これによれば、舜は先に禹に禅譲しようと決めて、衆人もそれを賛成しており、そして卜官に占卜させたところ、卜も筮も従うという結果を示した。舜から意見を求められて賛成した者がどのような人なのかは明記

(9) 顧頡剛・劉起釪『尙書校釋譯論』、第三冊、一一八三頁、中華書局、二〇〇五年。なお「雨・霽・蒙・驛・克」は時代やテキストによって異文が多く、劉起釪は諸説を整理し、それらを「雨・霽・圛・雺・克」としている（同書、一一七六―一一八三頁）。劉氏の校訂は経文本來の形により近付いたものであるが、本書ではこれら個々の項目を取り上げて検討するわけではないため、本文の引用はとりあえず『十三經注疏』本に拠る。

されていないが、孔傳には「然已謀之於心、謀及卜筮、四者合從」とあることから、この決定権を持つ「四者」は舜自身・卜・筮・そして後の商代の卿士に当たる大臣のことであろう。これは、『尙書』洪範に挙げられている商代の国家大事に決定権を持つ王・卜・筮・卿士・庶民の五者のことを連想させ、舜の述べた禅譲の意思決定に関与した四要素は商代の五要素の原形とも考えられる。そして何よりもここに見える「龜筮協從」という一句は、具体的な卜占方法はともかくとして、遅くとも舜の時代には卜筮併用の考え方があったことを示唆している。

ただ「大禹謨」は今文『尙書』にはなく古文のみの「晩書」と呼ばれる文献である。周知のとおり一般には、『尙書』のうち晩書は魏晉間の人による假託で、所謂偽書であると認識されている。しかし王國維は漢代には古文の経伝の転写本が既にあったろうと推測し、「不獨魏三體石經之古文具有淵源、卽梅賾之僞書、其古字亦非全出杜撰也」と指摘して[10]、蔣善國は、孔傳本の経文は様々な文献に基づいており、およそ十一のケースがあると分析している[11]。更に錢宗武は、晩書二十五篇は真の孔壁の古文ではないが、古文『尙書』の西晉時代の輯佚本と見てよく、偽書というものは主にテキストが偽りなのであって、孔安國が献上した壁中本ではないものの、内容から見れば、それは輯佚であったり、後世の史官による追記であったり、或いは史実の実録であったりするし、また後世の史官の追記や後人が編纂した作品であっても、作者や著作時代に問題があるだけで、その内容や史実の多くは真実で信用できると述べている[12]。王・蔣・錢諸氏の意見は、晩書が偽古文であることが判明した後に、晩書の史料価値を客観的に再評価したものであり、「大禹謨」のような晩書の信憑性は必ずしもないわけではない。

「大禹謨」の上に挙げた箇所について、古文『尙書』の真実性を否定した明代の梅鷟は、『左傳』などの文

献を引用して両者を比較している。(13)『左傳』哀公十八年には、

君子曰：「惠王知志。『夏書』曰：『官占、唯能蔽志、昆命于元龜』、其是之謂乎！志曰：『聖人不煩卜筮』、惠王其有焉。」

とある。ここに引用された『夏書』の部分は「大禹謨」に見える舜の言葉の前半とほぼ同じであるが、杜預はただ「逸書也」と注を付けている。若しも杜預は「大禹謨」を見ていたなら、具体的な篇名まで明言したはずである。しかし杜預はこの引用を単に逸書の文句と考えており、「大禹謨」を見ていなかったことになる。つまり恐らく杜預の時代には「大禹謨」は未だ成立していなかったのであろう。従って元々篇名まで知られていない『夏書』の文句が、魏晉時代の人によって『左傳』から採られて疑わしい「大禹謨」に入れられたと考えられる。これは「大禹謨」が後世の假託と言われる証拠の一つであることは間違いないが、しかし「大禹謨」そのものの真偽はともかく、ほぼ同じ文句が『夏書』として『左傳』に引かれたのは、「大禹謨」に見える「官占、惟先蔽志、昆命于元龜」の言葉が、元来『尙書』のうち夏代の史料を収録した『夏

(10) 王國維「漢時古文諸經有轉寫本說」、『觀堂集林』所収、巻七、一三頁、『王國維遺書』第一冊、商務印書館一九四〇年版による影印本、上海古籍書店、一九八三年。
(11) 蔣善國『尙書綜述』、三六一—三六四頁、上海古籍出版社、一九八八年。
(12) 錢宗武『尙書入門』、一六—二三頁、貴州人民出版社、一九九一年。
(13) 梅鷟『尙書考異』、明の白雀山房の抄本による影印本、『北京圖書館古籍珍本叢刊』所収、第一冊、三五六—三五七頁、書目文獻出版社、一九八八年。

書』にあったことを意味している。即ち『左傳』の引用によって、「大禹謨」の假託が分かるが、一方では、「大禹謨」にある「官占、惟先蔽志、昆命于元龜」は却って夏代の文献の一部であり、夏代の制度を反映したものであると言うこともできる。

梅鷟らの研究成果を踏まえて、晩書を含む今本の古文『尙書』は偽作であると見事に結論づけた閻若璩は「『大禹謨』句句有本」と述べ、「大禹謨」の文句には全て根拠があるという。[14] ただ閻氏の名著『尙書古文疏證』は、これに関する具体的な論考を含む巻三を全部缺いており、論点を示す標題以外の内容が知られない。閻氏の「『大禹謨』句句有本」という観点が正しいとすれば、既述の『夏書』として『左傳』に引用された部分のみならず、その続きの「朕志先定、詢謀僉同、鬼神其依、龜筮協從、卜不習吉」という部分にも当然しかるべき根拠があって、捏造ではないことになる。若しもそのうち「龜筮協從」の一句が元々『尙書』夏書のような夏代の文献にあったとするならば、夏代には卜筮併用の原則が何らかの形で存在したのであろう。

現段階では、そのような確固たる根拠となり得る文献は未だ確認されていないようであるが、一つの手掛かりとして司馬遷の叙述は注目すべきである。『史記』龜策列傳に、

略聞夏殷欲卜者、乃取蓍龜、已則棄去之、以爲龜藏則不靈、蓍久則不神。至周室之卜官、常寶藏蓍龜；又其大小先後、各有所尙、要其歸等耳。[15]

と見える。これによれば、夏代と商代にいずれも蓍と亀によって卜占が行われていたので、夏代にも商代と同じように卜筮が併用されていたこととなる。司馬遷が何によってこのように述べたかはよく分からない

が、初めて古文『尙書』を解読した孔安國に学んだ司馬遷が、『史記』によく『尙書』を引き、信用できる漢代の古文説を多く用いた点から見れば[16]、上記のことを孔安國から聞いた可能性があり、それは今日まで伝わっていない『逸書』の文に基づくものであったかも知れない。いずれにせよ、「其涉獵者廣博、貫穿經傳、馳騁古今、上下數千載閒、……（中略）……其文直、其事核、不虛美、不隱惡、故謂之實錄[17]」と評価される司馬遷も、夏代の卜筮併用の事実を示唆していることは、看過すべきでない。

以上、文献や甲骨に示されているように、商代には卜と筮が併用されており、後の周王朝もこの制度を継承し、理論化し発展させていったのである。また文献によれば、それは夏代に遡ることができるように思われるが、夏代の遺跡と考えられている二里頭などから、筮が行われていたことを証明できる実物は未だ確認されておらず、今後の考古学的発見を待たねばならない。

（14）閻若璩『尙書古文疏證』、巻三、一七四五年眷西堂刻本による影印本、上海古籍出版社、一九八七年。
（15）『史記』龜策列傳、第十冊、三二二三―三二二四頁。
（16）『漢書』儒林傳に、「孔氏有古文『尙書』、孔安國以今文字讀之、因以起其家。『逸書』得十餘篇、蓋『尙書』茲多於是矣。遭巫蠱、未立於學官。安國爲諫大夫、授都尉朝、而司馬遷亦從安國問故。遷書載「堯典」、「禹貢」、「洪範」、「微子」、「金縢」諸篇、多古文說」と見える。『漢書』、第十一冊、三六〇七頁、中華書局、一九六二年。
（17）『漢書』司馬遷傳、第九冊、二七三七―二七三八頁。

第二節　卜と筮の相違点

前節では卜と筮の共通点について述べてきたが、両者が同じく霊的媒介物を使用し、また卜と筮が併用されるとは言っても、元々異なる占卜方法である以上、やはり様々な相違点が存在することは言うまでもない。本節では、主に周代の文献に関する考察を通して、商代における卜と筮の相違点について、官制・対象・順序・権威・本質など五つの側面から検討してみたい。

一、卜者と筮者の異なる官制

占卜を行うには高度な専門技術が必要であるため、古くから卜筮の担当者が置かれ、神権政治の担い手として、古代王朝には欠かせない存在であった。但し、組織化された卜と筮の担当者は同等の処遇を受けるわけではない。それぞれの担当者の官等や編成を見れば、卜と筮が同等に扱われていなかったことは明らかである。『周禮』によると、周代の卜筮の担当者は次のように配置されている。

大卜：下大夫二人。
卜師：上士四人。
卜人：中士八人、下士十有六人。府二人、史二人、胥四人、徒四十人。
龜人：中士二人。府二人、史二人、工四人、胥四人、徒四十人。
菙氏：下士二人。史一人、徒八人。

占人：下士八人。府一人、史二人、徒八人。
簭人：中士二人。府一人、史二人、徒四人。（『周禮』春官宗伯）

これらの役人のうち、大卜と呼ばれる者は卜筮官の長で卜筮のことを総掌し、下大夫という高い身分にあって上士・中士または下士の各担当者を統括する。具体的には、亀卜を掌る卜師をはじめ、卜人・龜人・菙氏はみな卜の担当者であり、卜兆と卦を視てその吉凶を告げる占人は卜と筮の両方を担当する。筮の担当者は簭人の中士二人のみで、その官等は上士の卜師に及ばず、定員もこれらの卜筮担当者の中で最も少ない。卜の担当機関は、筮のそれに比べて、役割分担が細かく、数多くの担当者が配属されており、圧倒的な規模を誇るものである。

商代の卜筮官の官制に関する詳しい文献資料は伝わらないが、『禮記』に次のようなごく簡単な記述が遺されている。

天子建天官、先六大、曰大宰、大宗、大史、大祝、大士、大卜、典司六典。天子之五官、曰司徒、司馬、司空、司士、司寇、典司五眾。（『禮記』曲禮下）

鄭玄は、「天官」云々について「此蓋殷時制也。周則大宰爲天官、大宗曰宗伯、宗伯爲春官、大史以下屬焉。大士、以神仕者」と述べ、また「五官」云々について「此亦殷時制也。周則司士屬司馬、大宰、司徒、宗伯、司馬、司寇、司空爲六官」と注を加えている。この天官と五官を設置した時代については、『禮記』の本文に明言されないが、『周禮』に見える周代の制度と異なるので、鄭玄はそれを商代の制度と考え、商・

周両王朝の官制の異同を指摘したのである。

『周禮』に見えない「大士」はともかく、鄭玄の説明したとおり、周代には「大史、大祝、大卜」は春官宗伯（大宗）に属するが、それに対して、商代にはこれらは大宰に続いてこれと共に最も重要な天官に属する。また、「大宗・大史・大祝・大卜」という職官は『左傳』にも見える。『左傳』定公四年に「分之土田陪敦、祝宗卜史、備物典策、官司彝器、因商奄之民、命以伯禽」とあり、周公の子である魯公伯禽が「祝宗卜史」を含む多くの土地・人員や器物を周王から賜ったことが知られる。この「祝宗卜史」について、杜預は注で「大祝、宗人、大卜、大史、凡四官」と述べるが、『禮記』とを対照して見れば、それは即ち『禮記』に見える「大祝」・「大宗」・「大卜」・「大史」であるに違いない。『左傳』の記事から分かるように、西周初年にも併称される「祝宗卜史」の名称が春秋時代に伝わっており、「七十子後學者所記[18]」の『禮記』のこの記述は架空のものではない。

さらに商代の宗教的色彩の濃い神権政治の背景を併せて考えれば、「大宗・大史・大祝・大卜」が代表的な聖職者として大宰と共に重視されるのは寧ろごく自然な制度であったと言える。ただ、これらの職官の総称として「天官」という名称自体が商代にあったかどうかは確認されていない。呂大臨の説明するような「事鬼神、奉天時之官」にせよ、孫希旦の言うような「事鬼神、治曆數之職」にせよ、「大宗」以下の諸官を「天官」と称するのはいずれも鬼神に事えるからである[19]。商代に「天官」という名称がなくとも、鬼神に事える身分が格段に高い役人たちが存在したとするならば、それは大宗・大史・大祝・大卜が率いる聖職者集団なのである。

上に掲げる『禮記』曲禮下に、筮の担当者の職名が挙げられないのは、商代も周代と同様に大卜が卜と筮を総掌するからであろう。また、商代には「篝人」のような専ら筮を行う担当者が未だ設けられず、トの担当者が筮をも行っていたかも知れない。たとえ商代に筮のみを担当する官があったとしても、その官等がトの担当者に及ばないのは確かである。周知のように、甲骨卜辞の「前辞」と呼ばれる冒頭の部分には占トの日や担当者の名を記すものが多い。そのうち、商王自らトう場合には「王」と書かれるが、そうでない場合には「貞人」と呼ばれる占トの担当者の名前が同じ場所に見える。商王が貞人の職務を行うこともあれば、貞人が商王と同じところに署名もできるのは、貞人にとって大変名誉なことであり、トを担当する貞人の高い地位を示す分かり易い証拠である。陳夢家の統計によれば、甲骨卜辞からは一二〇人もの貞人の名が確認できる。[20]これに対して、現在発見されている商代の筮の記録から筮の担当者の名は一つも見つかっていない。ここから、筮の担当者の地位は貞人ほど高くなく、署名する習慣がないか、或いは貞人が時には筮をも担当するため、敢えて署名する必要がなかったと考えられる。

また、嚴一萍によると、「貞人」は「卜人」と異なり、[21]饒宗頤が指摘するとおり、トを行う者と卜辞を刻み付ける者が同じ人物でないことから、[22]商代には、貞人のほか名前の知られない数多くの担当者がトに従事していたことが明らかである。これらの担当者の間では、役割分担が相当進んでおり、効率的なシステムを

(18)『漢書』藝文志、第六冊、一七〇九頁。
(19) 孫希旦『禮記集解』、上冊、一三二頁、中華書局、一九八九年。
(20) 陳夢家『殷虚卜辞綜述』第五章「斷代下」を参照、中華書局、一九八八年。
(21) 嚴一萍『甲骨學』第七章四の1「貞人非卜人」を参照、藝文印書館、一九七八年。
(22) 饒宗頤『殷代貞卜人物通考』、下冊、一一八八―一一八九頁、香港大學出版社、一九五九年。

形成していたことも窺える。一方、現段階で確認できる筮の記録の点数や完成度から見れば、商代に専属の筮官があっても、その規模は恐らく同時代の卜官の規模を上回ることはなかろう。

二、対象による卜筮の使い分け

既述のように、卜と筮を併用する原則があったとはいえ、全ての事柄について卜と筮の両方を行わなければならないわけではない。一般的な事柄については、筮のみを行うこととなっていた。『周禮』に、簭人すなわち筮の担当者の職務内容が次のように記されている。

簭人掌三易、以辨九簭之名、一曰『連山』、二曰『歸藏』、三曰『周易』。九簭之名、一曰「巫更」、二曰「巫咸」、三曰「巫式」、四曰「巫目」、五曰「巫易」、六曰「巫比」、七曰「巫祠」、八曰「巫參」、九曰「巫環」、以辨吉凶。凡國之大事、先簭而後卜。上春相簭、凡國事共簭。（『周禮』春官宗伯・簭人）

鄭玄の注に「此九巫、讀皆當爲筮字之誤也」と見え、次のような九つの事柄が筮の対象であったことが分かる。すなわち、①都邑を遷すこと、②公的事業に対する民衆の賛否、③法式の当否、④繁多な事柄の中の要目の当否、⑤旧制を改易すること、⑥民衆と協調すること、⑦生け贄と祭日、⑧御者と陪乗者、⑨宣戦、などである。これらの事柄のうち、国の都を遷すことや大きな祭祀のような重要事項となれば、当然卜と筮を両方行わなければならないのであるが、公卿大夫の都邑を遷すことや日常的祭祀を含む一般事項であれば、卜を行うまでもなく、筮を行うのみでよい。『禮記』曲禮上に「爲日、假爾泰龜有常、假爾泰筮有常」とあり、鄭玄は「大事卜、小事筮」と注を加え、卜と筮の使い分けをまとめている。

このような対象によるトと筮の使い分けは、周代のみならず、商代にも見える現象であろう。商周時代の数字卦は筮の結果を数字で記したものであるが、それは甲骨の外に、青銅器・土器・石器にも残されている[23]。後者の場合には、それらの器を作るために筮が行われたと思われるケースが多いようである。とりわけ筮の記録として数字卦が商代の土器や石器に現れることから[24]、商代でもこれらの器を作るような一般事項について、筮のみを行ったと考えられる。

三、卜と筮を相次いで実施

併用されていた卜と筮は、同時に進められるのではなく、周代には重要な事項を決定するために卜の前に筮が行われていた。『周禮』春官宗伯・簭人に「凡國之大事、先簭而後卜」と見え、鄭玄の注に「當用卜者先筮之、卽事有漸也。於筮之凶、則止不卜」とあり、賈公彦の疏に「此大事者、卽大卜之八命及大貞、大祭祀之事。大卜所掌者、皆是大事、皆先筮而後卜、故鄭云：『當用卜者先筮之』。卽事漸也者、筮輕龜重、賤者先卽事、故卜卽事漸也。云『於筮之凶則止』者、曲禮云：『卜筮不相襲』。若筮不吉而又卜、是卜襲筮、故於筮凶則止不卜」とある。また『周禮』春官宗伯・大卜に「以邦事作龜之八命、一曰『征』、二曰『象』、三曰『與』、四曰『謀』、五曰『果』、六曰『至』、七曰『雨』、八曰『瘳』。……（中略）……凡國大貞、卜立君、卜大封、則眡高作龜。大祭祀、則眡高命龜」と見えるように、これらの事柄は国の重要事項と考えられてい

(23) 張亞初・劉雨「從商周八卦數字符號談筮法的幾個問題」、『考古』一九八一年第二期所収、一六〇頁。
(24) 鄭若葵「安陽苗圃北地新發現的殷代刻數石器及相關問題」を参照、『文物』一九八六年第二期所収。

た。要するにこれらの重要事項について、先に筮を行ってから卜の手続きに進むことが分かる。卜いによって決定しようとする事柄について、その前にまず筮を行うのは、より簡単な方法を使って予備作業をするためである。ここから、筮が卜ほど重要視されていなかったことが窺える。なお筮によって凶の結果が出た場合、卜の手続きに移ることなく中止すると鄭玄は説明している。

以上は周代の制度に関する記述であるが、商代も同様に行われていたかは定かでない。前文で引いた『周禮』春官宗伯・簭人の経文について、賈公彥はその疏で「按『洪範』云・『龜從筮逆』、又云『龜筮共違於人』。彼有先卜後筮、筮不吉又卜、與此經違者、彼是箕子所陳用殷法、殷質、故與此不同」と補足している。賈氏は『尙書』洪範の叙述により、商代には先に卜を行ってから「筮」を実施することがあったのは、商代の比較的素朴な制度が周の制度と異なるためと考えている。また李學勤は、西周甲骨にある数字の記号は、卜う前に行われた同一事項に関する筮の結果で、卜兆と参照できるが、卜兆から得たものではないと述べている[25]。『尙書』洪範の文を吟味して、商代や西周の数字卦を記している甲骨と合わせて考えれば、商代には卜と筮が相次いで行われていたことは間違いなく、また周代と異なり筮の前に卜が実施された可能性は否定できない。

四、筮より卜の結果を優先

卜と筮はいずれも神の意思を伺おうとする方法であるが、場合によって全く異なる結果を示すことは当然あり得る。卜と筮を両方行ってそれぞれ異なる結果が示された時、筮より卜の結果が優先されていた。『左傳』には次のような記事がある。

初、晉獻公欲以驪姫爲夫人、卜之、不吉；筮之、吉。公曰：「從筮。」卜人曰：「筮短龜長、不如從長。且其繇曰：『專之渝、攘公之羭。一薫一蕕、十年尚猶有臭。』必不可。」（『左傳』僖公四年）

驪姫を晉の獻公の夫人とすべきかについて、卜と筮がそれぞれ行われ、卜には「不吉」、筮には「吉」と相反する結果が示された。筮に従おうと言った獻公に対して、卜官は「筮短龜長」という理由で卜の結果に従うべきであると主張した。ここから、卜と筮によって矛盾する結果が出れば、卜の結果を優先してそれに従う伝統があったことが分かる。後述のように、これは結局卜と筮にある本質的な違いによるものと考えられる。

『周易』が周の文王と深く関わっていることから見れば、筮はある意味周王朝の国家イデオロギーの性格を帯びていたであろう。それにもかかわらず、春秋時代になっても筮の権威が卜のそれを凌駕することができず、筮より卜の結果を優先するという考え方が依然として根強くあった。従って商代では筮より卜が圧倒的な権威を持って優先されていたことが容易に推測できよう。

五、形象と数字の本質的違い

そもそも卜が筮より重要視されていたのは、それぞれの方法に本質的な違いが見られるからである。これについて『左傳』に以下の記事がある。

（25）李學勤「西周甲骨的幾點研究」、『文物』一九八一年第九期所収、一一頁。

及惠公在秦、曰：「先君若從史蘇之占、吾不及此夫！」韓簡侍、曰：「龜、象也：筮、數也。物生而後有象、象而後有滋、滋而後有數。先君之敗德、及可數乎？史蘇是占、勿從何益？『詩』曰：『下民之孽、匪降自天。僔沓背憎、職競由人。』」（『左傳』僖公十五年）

ここでは、卜と筮の本質的な違いが韓簡によって提示されている。これについて、杜預の注に「言龜以象示、筮以數告。象數相因而生、然後有占。占所以知吉凶、不能變吉凶。故先君敗德、非筮數所生、雖復不從史蘇、不能益禍」とあり、また孔穎達の疏に「卜之用龜、灼以出兆、是龜以金木水火土之象而告人。筮之用蓍、揲以爲卦、是筮以陰陽蓍策之數而告人也。凡是動植飛走之物、物既生訖、而後有其形象。既爲形象、而後滋多。滋多而後、始有頭數。其意言龜以象而示人、筮以數而告人」とある。卜は亀甲などに熱を加えて卜兆を生じさせる方法で、筮は蓍を操作して一連の数字を導き出す方法であって、それぞれ卜兆と数字によって吉凶を判断するのである。卜は卜兆つまり形象によって未来の事柄を予告するのに対して、筮は数字によって予告する。物事が生じてからまず形があって、それから増える。増えた結果として数が生じてくる。このような観点から、形象は原始的で一次的なものであるのに対して、数字は派生的で二次的なものとなる。従って、原始的で一次的な形象、即ち卜兆によって吉凶を予測する方法として、卜は筮より信憑性の高いものと考えられていた。

この本質的違いによって、筮より卜が長く重要視されていたのであろう。先に取り上げた『左傳』僖公四年の「筮短龜長」について、杜預は注で韓簡の言葉を引用して「物生而後有象、象而後有滋、滋而後有數。龜、象：筮、數、故象長數短」と述べ、やはり一次的な形象という要素を有する卜がより権威的であったとの考え方を示している。また『史記』龜策列傳に、「夫揲策定數、灼龜觀兆、變化無窮、是以擇賢而用占焉、可謂聖人重事者乎」とあり、司馬遷は卜筮について数字と卜兆という相違点を挙げて論じている。(26)

以上検討してきたように、神意を伺う方法としての卜と筮には、やはり様々な違いが存在している。卜と筮は、それぞれ形象と数字を用いて神意を伝える点で本質的に異なっていると考えられる。従って、神の啓示を求める二大手段として卜と筮からそれぞれ具象性と抽象性を見出すことができるのである。筮より卜が重要視されていたことは、商周時代、精確に言えば春秋時代まで、抽象的なものより具体的なものが好まれる傾向が中国に強くあったことを示している。このような偏りはあったものの、そのいずれかが除去されることなく、卜と筮が互いに補完して、共に使用されていたのも事実である。商代には、このような具象性と抽象性を兼ね備えた信仰体系が既に構築されていたのである。

第三節　卜と筮の源流

これまで考察した結果から、商代の信仰体系は高度に成熟した段階に達していたことが分かる。商代の信仰、とりわけ甲骨を道具とする占卜文化の源がどこにあるかは避けては通れない重要な課題となっている。商代以前の詳細な文字記録の出土が確認されていないこともあって、商代に発達した卜と筮の由来については、未だ断言できないところが多い。ただ、現在発見されている考古資料を利用すれば、ある程度見当が付

(26)『史記』龜策列傳、第十冊、三二二四頁。

くであろう。

新石器時代の遺跡からは、トいに使ったと思われる動物の骨が数多く発見されている。荒木日呂子の集計によれば、河南・甘粛・陝西・山西・河北・山東・遼寧・内蒙古など五十六の遺跡からト骨が出土している。[27]これらの遺跡は、黄河流域で数多く見られるが、蘇秉琦が説いた關中・晉南・豫西を中心とする中原文化、山東を中心とする東方文化、燕山南北長城地帯を重心とする北方文化[28]という三つの地域文化に広がっており、北中国に遍在していると言えよう。

そのうち、龍山文化時代（前二六〇〇年頃—前二〇〇〇年頃）のト骨が、河南・山東・陝西・山西・内蒙古の二十二の遺跡から出土している。ト骨に用いられる獣骨は家畜の豚・羊・牛と野生の鹿の肩胛骨である。山西省忻州の游邀遺跡のト骨を除けば、ト骨はいずれも整治は行われず、鑽鑿もなく、直接に灼がなされている。游邀遺跡の整治も豚の肩胛骨の骨脊と周縁が少し削られているだけである。続いて二里頭文化時代（前二〇〇〇年頃—前一五〇〇年頃）及びこれにほぼ相当する文化年代のト骨は、河南・甘粛・山西・河北・山東・遼寧・内蒙古の広範囲に亘って出土している。ト骨に使われるものは主として前記の豚・羊・牛・鹿の肩胛骨であるが、犬の骨及び種類不詳の動物の肋骨や細長い骨片も散見する。龍山時代と同じく整治しないト骨に直接に熱を加える原始的な方法も残っているが、牛の厚い肩胛骨の利用が多くなる二里頭時代の後半期頃から、骨臼を切除して骨脊を削るなど整治が行われ、鑽と鑿が施され、ト法が整備される。龍山時代と二里頭時代のト骨の出土状況を比較すれば、ト骨使用量の増加・地域的広がり・加工技術の進歩とト法の整備などが明らかになる。それと共に、ト骨に使用される動物の種類も骨の種類も一時的に微増した。

新石器時代のト骨の中で、一九七〇年代、河南省淅川県の下王岡から出土した仰韶文化三期の羊の肩胛骨のト骨T14⑤：102は、今から約六千年前（前四〇七〇年頃）のもので、現在のところは最古のト骨と思われる(29)。それに次ぐものは甘粛省武山の傅家門遺跡から出土した馬家窯文化の石嶺下類型に属するト骨であって、今から約五八〇〇年前（前三八〇〇年頃）のものである(30)。ただ前者を疑問視して、傅家門遺跡のト骨を最古のト骨とする見方もあるので、慎重に検討しなければならない(31)。

また、岡村秀典が述べているように、前二千年紀中頃の商代前期になると、ト骨が急増した。一九五二年と一九五三年の二年間の発掘で、二里岡遺跡がある河南省鄭州市内から出土した甲骨の総数は九〇五点にも達しており、そのうち、牛七六四点（八四％）、豚五五点（六％）、亀四七点（五％）、羊三三点（四％）、鹿六点（一％）である。牛の比率は、河南省の龍山時代から二里頭時代にはほぼ横這いであったのに対して、商代前期になると一挙に倍増している。この時期の鄭州における豚・羊・鹿のト骨は合わせても一〇％をしめるに過ぎず、続く商代後期の殷墟では牛以外のト骨は極めて例外的になってしまうことから、商民族は神意を伝えるト骨の材料として商代前期の段階から牛に特化しつつあったと考えられる(32)。

(27) 荒木日呂子「中國新石器時代のト骨とその社會的意義について」、「表I. ト骨出土遺址。ト骨材料。占ト方法。隨伴遺物。及び文化年代」、二二五―三〇頁、『東洋大學中國哲學文學科紀要』第六號所収、一九九八年。
(28) 蘇秉琦『中國文明起源新探』の四の「『條塊』說」を參照、商務印書館、一九九七年。
(29) 『淅川下王岡』、二〇〇頁、文物出版社、一九八九年。
(30) 「甘肅武山傅家門史前文化遺址發掘簡報」、『考古』一九九五年第四期所収。
(31) 岡村秀典『中國古代王權と祭祀』、一二八頁、學生社、二〇〇五年。
(32) 岡村秀典『中國古代王權と祭祀』、一三八頁。

一方、亀卜に使われる亀の甲羅は龍山文化時代の遺跡から出土しておらず、二里頭時代になっても僅か河南の数箇所の遺跡に限って発見され、数も極端に少ない。商代になると、安陽の殷墟から厖大な量に上る卜甲が出土したことはもとより、河南省内の他の県からも発見され、更に山西・河北・山東・四川・湖北・江蘇を含む広範囲の地域で確認されている。この事実から、亀卜は元々河南の文化であったが、商代では俄然よく使用されるようになったのみならず、非常に遠くまで影響を及ぼしていることが分かる。

龍山文化の遺跡から卜甲は出土していないが、しかしそれより遥かに古い前仰韶文化の賈湖遺跡から亀甲は発見された。一九八〇年代、河南省舞陽縣賈湖の新石器時代遺跡の二十三箇所から、亀甲が二点から八点まで偶数の組み合わせで出土した[33]。そのうち、亀甲M344：18とM335：15は、今から約八千年（七七六二±一二八年）前のものと推定されている。鑽鑿や灼の痕跡が見つかっておらず、亀卜に使われたかどうかは断言できないが、その亀甲の中に彩色の石がよく発見されていることから、石と組み合わせて宗教的な役割を担っていた可能性が高い。筮のような数理による卜占の道具として用いられていたかも知れない。二里頭文化との間に約四千年の隔たりはあるものの、亀の霊力を信じていた点では文化的な繋がりを否定できない。

既述のように商代までの筮の実施は確認されていないが、しかし中国の周辺民族には、文字文化はなくても筮の原理を用いる簡単な占卜方法を持つ民族が多く存在している[34]。青銅時代に未だ入っていないこれらの民族でも筮のようなことが行われることは、中原民族の場合、商代乃至夏代以前の古い段階で筮を扱っていたことを示唆する。

これらのことから言えるのは、古代中国では元々亀卜と骨卜がそれぞれ発展を遂げたが、商民族は、元来は河南固有の亀卜文化を継承しながら、各種動物を使った骨卜について牛の肩胛骨の使用に特化し、両者を結合させた。その結果、亀甲獣骨による占卜は商文化の顕著な特徴となった。更には古来の筮をも改良し、卜と共に商代信仰世界の二本柱にしたのである。かくして商代の信仰体系は高度に成熟したものとして、中国文化に深く影響を与えているのである。

小結

古代中国の信仰世界では、人々は未来の事柄を少しでも予測しようとして、卜と筮を利用しそれらを珍重していた。第一部は、商代における卜と筮について、それぞれの特質を考察した上で、相通じるところと異なるところをまとめ、商周時代の伝統文献や考古資料を用いて考察を加えた結果、古代中国の卜と筮は、密接に関わりながら緩やかに発展していたことが分かった。その共通点と相違点には、夏・商・周の三代を跨ってある程度一貫性が見られる。

三代の文化の発祥地はそれぞれ異なるが、黄河流域を中心とする伝播と展開に伴い、文化の融合が至る所で起こっていた。その結果、卜と筮の関係に見える連続性も長い間保たれている。商代における卜と筮の関係は、資料の制限こそあれ、このような連続性に基づいて、その輪郭を描き出すことができよう。また、甲骨を道具として爛熟した卜筮文化を展開する商王朝は、他の時代に比べて、中国文化史上類例を見ない異彩

(33) 『舞陽賈湖』、上冊、四五六頁、科學出版社、一九九九年。
(34) 宋兆麟『巫覡——人與鬼神之間』第六章の(一)「占卜與數學」を参照、學苑出版社、二〇〇一年。

を放つ王朝であった。

かつて甲骨は神と人間との間に位置して、神意を示す媒介として長期間に亘って重要な意味を持った。また、大量の卜辞や一部の数字卦が記された甲骨は、商代における卜筮文化の貴重な化石とも言うべきであり、独自の形で古代と現代とを繋いでいるのである。私たちは甲骨を通して、遥かなる時空を越え、商代の人々の多彩な信仰世界を窺い知ることができる。

第二部　甲骨文字に見える商王の権威

——固辞の変遷を中心に

はじめに

「殷人尊神、率民以事神、先鬼而後禮」と孔子が述べたように（『禮記』表記）、商代には宗教的権威による統治即ち神権政治が行われていた。祭政一致の商王朝において、国家の大事である祭祀・軍事・政治から王の日常生活に至るまでほぼ全ての行動には神の託宣が必要とされており、神意を伺ってこれらの事柄を裁決する重要な方法として、占卜が日常的に盛んに実施され続けた。司祭長として王朝の頂点に立つ商王は占卜儀式に親ら臨み、甲骨に生じたひび割れ、即ち卜兆を見て、その吉凶いずれを表すかを判断して未来の事柄を予測していた。王の判断・予測の言葉が卜辞に記録されており、それが「王固（卧）曰」で始まる固辞という部分である[1]。固辞は商王の生の言葉が発せられた直後にそれを聞き取った者によって記録されたものであるため、既に孔子の時代にあって非常に少なかった商代の史料の中で、第一の同時史料としての重要性は論を俟たない。

甲骨が発見されて間もなく、「固・卧」という未知の文字が学者に注目され、色々と解読を試みられたが、諸説紛々で妥当な結論に辿り着くのが困難であった。また固辞について個別研究は、ある程度為されてきた

（1）これまでは「占辞」と呼ばれてきたが、後述のように「固辞」と呼ぶ方がより妥当であるため、本書では「固辞」と表記する。なお、「固」という字は時期・記録者などによって様々な字形を有しているが、繁雑さを避けるため、本書では第一期と第五期の頻出する字形を隷定したものを一つずつ挙げて、「固・卧」で異なる字形を持つこの同一の文字を表記し、「王固（卧）曰」で異なる字形を持つこのような同一の文句を表記する。

ものの、固辞全般を対象として商代文化に位置づたの全面的な研究は未だ不十分である。そこでまず「固・凪」の解読についてこれまでの研究成果を整理しながら考察を加え、その形・音・義を明らかにしよう。続いて固辞を取り上げ、董作賓氏の五期区分法によって、時代の流れに沿って固辞の性格と変遷を分析し、商王の権威について検討してみたい。

第五章　「囡・囮」字の解読について

甲骨卜辞を何条か読んでみれば、大抵の人は「囡」或いは「囮」という奇妙な文字に遭遇する。「囡・囮」は『說文解字』に収録されていないが、卜辞では頻繁に用いられていた文字である。甲骨文字を初めて世に紹介した『鐵雲藏龜』では、劉鶚は「卜、占二字往往加𠚇以爲識別、未詳其誼」と述べ[1]、未だ意味が分からなかった「囡」字について関心を示している。それ以来、先達によっていくつかの説が提示され、「囡」字が『說文』所収または後世のどの字と同一であるかについて見解が分かれている。それらの説を内容によって整理して、それぞれ提出された時期の早いものから見てゆきたい。

第一節　これまでの諸説

「囡・囮」字の解読をめぐって、現在まで主に以下の九つの説が唱えられている。

（一）「占」字說。羅振玉は甲骨文字の解読を最初に試みた時、「卜辭中文字之不見於古金文與許書者至夥」と述べ、よく用いられていたものとして挙げた六三字の中に「固」があるが、いかなる字であるかは確定できないでいた。(2) その後、羅氏は「占」条の下に「占」という甲骨文字及びその出典を挙げ、『說文』の「占」と「卟」の説解を引用して、両者は同じ字と推測しつつも、「卜辭中又屢見固字、於占外加口、不知與占爲一字否」と述べ、(3)「固」と「占」との同字関係を断定することには慎重な態度を採っている。

商承祚は「呫」字ではないかと推測したが（後述）、後にただ「疑卽古占字」と述べている。(4) 葉玉森は「讀則占也。未知卽占之變體否」と考え、(5) その意味は占であると説明しながら、彼もまた慎重な姿勢を崩していない。孫海波は「固」を『說文』に見える「占」字と推測しており、(6) 張秉權(7)・饒宗頤(8)は「固」について共に「卽占字」と言っている。屈萬里は「固」を「占」とし、推断する意であると説明している。(9) 李孝定は卜辭では「固」と「占」は意味が異なっているとしながらも、「固」を「占」と解読するのが正しいとしている。(10) 趙誠は、「固」について字形の構造が不明であり、「很可能是占字的繁體」と、「𠧩」の使い方や意味は「固」と同じで、「可能是異體字」と述べ、慎重さを示している。(11) 徐中舒は「固」の意味は『說文』の「占」に近いが、卜辭では「視卜兆以斷吉凶、或作預言」の意と説明している。(12)

白川静は「占」の条下に「卜文の『王固曰』は占とも卟とも釋される字であるが、𡆥に作ることもあって、聲義が異なるようである」と述べたが、(13) 後に「占」という親字の下に占・𡆥・固という三つの甲骨文字を挙げながら、「卜辭の占繇の語は『王、固《うらなひ》て曰く』という語をもってはじまる。固は大きな卜骨のなかに卜や占の字がしるされており、その卜の次第をしるしたものが卜辭《ぼくじ》である」と説明していることからすると、「固」を「占」字と考えるようになったのであろう。(14) 水上靜夫は「占」という親字に属する字形表に、「占」の甲骨文字一一個と「固」の甲骨文字四個を挙げており、「龜卜してその結果を繇辭（うらかた。占いの

（1）劉鶚『鐵雲藏龜』序、頁四、褒残守缺齋、一九〇三年。
（2）羅振玉『殷商貞卜文字考』、二二頁、玉簡齋、一九一〇年。著者による批改本は同氏『殷虛書契考釋三種』（以下、『考釋三種』と略稱）所収、上册、四六頁、中華書局影印本、二〇〇六年。
（3）羅振玉『殷虛書契考釋』、二七頁、永慕園、一九一五年；『考釋三種』所収、上册、一五四頁。また同氏『增訂殷虛書契考釋』、巻中、一八頁、東方學會、一九二七年；『考釋三種』所収、下册、四一八頁。なお、「占」の条について、『增訂殷虛書契考釋』は『殷虛書契考釋』に見える「占」、「固」の甲骨字形の出典を削除したのみで、考釋の本文に異同はない。
（4）商承祚『福氏所藏甲骨文字』攷釋、一一頁、金陵大學中國文化研究所、一九三三年。
（5）葉玉森『殷虛書契前編集釋』、巻一、一二一頁、大東書局、一九三四年。
（6）孫海波「卜辭文字小記」、『考古學社社刊』第三期所収、五三—五四頁、一九三五年。また同氏『甲骨文錄』釋文、一一—一二頁、河南通志館、一九三七年。
（7）張秉權『殷虛文字丙編』考釋、上輯（一）、五頁、中央研究院歷史語言研究所、一九五七年。
（8）饒宗頤『商代貞卜人物通考』、上册、二〇頁、香港大學出版社、一九五九年。
（9）屈萬里『殷虛文字甲編考釋』、上册、四八頁、中央研究院歷史語言研究所、一九六一年。
（10）李孝定『甲骨文字集釋』、第三册、一一〇一—一一〇二頁、また一一一二—一一一四頁、中央研究院歷史語言研究所、一九六五年。
（11）趙誠『甲骨文簡明詞典』、三一二頁、中華書局、一九八八年。
（12）徐中舒主編『甲骨文字典』、三五二頁、四川辭書出版社、一九八九年。
（13）白川靜『說文新義』、巻三、二二三頁、白鶴美術館、一九七四年。
（14）白川靜『字統』、五一五頁、平凡社、一九八四年。なお本書では、引用する箇所の振假名は全て原文によるものである。

判断の語）に問う（咨問する）」と字義を説いている。[15]

裘錫圭は一時期、唐蘭の説（後述）に従って「固」を「繇」と釈読しながら、「囙」は「憂」と釈読すべきではないかと考え、[16]「『固』『卣』从『囙』（兆）从『口』、與『占』字从『卜』从『口』同意、應是繇辭之『繇』的本字」と主張していた。[17]その後、「王固曰」の「固」が動詞と見られるのに対して、「繇」は古典で「卦兆之占辭」または「兆辭」という訓があり、動詞としての用例はないようであることから、先学が「固」を「占」と釈読することは「繇」と釈読するより合理的だと考えるようになった。上古音では、「兆」は定母宵部に属し、「占」は章母談部に属するが、「宵談對轉」の説によれば、両者は声母（子音）が近く、韻母（母音）が密接な陰陽対転の関係にあることから、「占」は卜兆によって吉凶について判断する意で、「兆」から派生した字であり、「囙」に通じる「固」（卣）字を「从『口』从『囙』（兆）、『囙』亦聲」と分析することができ、それを「占」と釈読するのは完全に合理的であると述べている。また、「占辭」として用いられる「繇」が「兆」や「占」の「同族詞」の可能性があるとも言っている。[18]裘氏は「繇」との関連を否定しないが、「繇」を「占」と釈読することを支持している。

（二）「卟」字説・「乩」字説・「稽」字説。王襄は「固」について「疑卟之異文」と述べ、初めて直接的に「固」と「卟」との同字關係の可能性を示唆している。[19]郭沫若は、「固」について「从囙口、此許書之卟字也」と述べ、「𠁾」を「乩之初字」としている。[20]葉玉森は「𠁾」について、『尚書』洪範の「明用稽疑」の「稽」と推測し、「許書引作卟」と述べている。[21]徐協貞は「𠁾」について「葉氏釋『稽』。『商書』有『卜稽曰』、此爲『王稽曰』、其誼正同」と述べて、葉玉森の説を支持する。[22]呉其昌は「𠁾」を「乩」とすることに首肯している。[23]

陳夢家は、「固」について「咎」と讀む「囗卜」と、「固」との用例には一致したものがあることから、「固」の発音は「咎」に近い「稽」であり、即ち「固」は『説文』の「卟」と同一の文字であると詳しく考証し、更に「卤」（囗卜）は卜骨の象形と指摘している。(24) 黎正甫は「固卽卟（稽）」と述べている。(25) 常玉芝は「王凪曰」を「王乩曰」と隷定している。(26) 水上靜夫は「卟」という親字の字形表に、『甲骨文字集釋』に収録されている「凪」の甲骨字形一八個を挙げながら、「甲骨文字・金文の『囗卜』字に当てるが至当と思う」と解説している。

(15) 水上靜夫『甲骨金文辭典』、上卷、一七二―一七四頁、雄山閣出版株式會社、一九九五年。
(16) 裘錫圭『古文字論集』所収「説『囗卜』」、一〇五頁、中華書局、一九九二年。
(17) 裘錫圭「釋西周甲骨文的『𠭘』字」、『第三屆國際中國古文字學研討會論文集』所収、三三三頁、香港中文大學中文系等、一九九七年。
(18) 裘錫圭「從殷墟卜辭的『王占曰』説到上古漢語的宵談對轉」、『中國語文』二〇〇二年第一期所収、七一―七二頁。
(19) 王襄『簠室殷契類纂』存疑、三六頁、天津博物院、一九二〇年。
(20) 郭沫若『甲骨文字研究』所収「釋繇」、上冊、第十四釋、八頁、大東書局、一九三一年。
(21) 葉玉森『殷虛書契前編集釋』、卷一、七八頁。
(22) 徐協貞『殷契通釋』、卷三、三三頁、北平文楷齋、一九三三年。また徐氏は同書の卷一の頁七などで、「固」を「固」と隷定するのは甲骨文字研究の初期段階の誤りであって、具体的な説明も見当たらないため、字説として挙げず、ここに附記する。
(23) 吳其昌『殷虛書栔解詁』（五續）、『國立武漢大學文哲季刊』第五卷第一号所収、二一一―二三頁、一九三五年。
(24) 陳夢家「釋𠮚」、『考古學社社刊』第五期所収、一七―二三頁、一九三六年。
(25) 黎正甫「古文字上之天帝象義溯源」、『大陸雜誌』第三十一卷第二期所収、二〇頁、一九六五年。
(26) 常玉芝『商代周祭制度』、九頁、中國社會科學出版社、一九八七年。

いる。(27) 姚孝遂はそれまでの諸氏の説について、「固」・「𠮦」は「早晩不同時期之形體、當釋『卟』、讀若『稽』」と纏めている。(28)

（三）「啓」字説。王襄は「𠮦」について、『尙書』金縢にある「啓籥見書」の「啓」の本字と推測している。(29)

（四）「咕」字説。商承祚は一度「疑卽後世之咕字而讀占聲」としていたが、(30) 既述のように後にはこの説を放棄したようである。ただ後述するように、この説は唐蘭にある程度支持されていた。

（五）「卦」字説。高田忠周は「卦」の条下に「存疑」として「固」の字形を十数個挙げており、その外廓を「筮櫝象形」とし、全体を「占在櫝中之形」とし、また卜辞から「卦」字が発見されなかったことによって、「固」について「或爲『卦』字」と推測している。また「兆・卦」の次に「古逸字」として「𠮦」の字形をも十数個挙げており、その左側の「㘡」を「卟」字と推測し、全体を「从卟从ノ」とするが、「𠮦」を字書にはない「古逸文」としている。(31)

（六）「稽」字説。瞿潤緡は「固」は『說文』に見える「卟」字ではなく、『尙書』盤庚上に見える「卜稽曰其如台」の「稽」字であると主張している。(32)

（七）「繇」字説。唐蘭は嘗て「㘡當讀卟、固當讀占」と考えていたが、(33) 後に「固」の字形変化に着目して「固當從占卣聲、『王固曰』當讀爲『王繇曰』」と新説を出しながら、続いて「然㘡讀爲卟、卟占音轉、則謂爲從卣占聲亦未嘗不可、讀爲『王占曰』亦通」と旧説も否定せず、また「其字今爲咕」と商承祚の「𠮦」字説をも支持しており、曖昧な考証に止まっている。そして「固」について、第五期では「固」に取って代わったとその時代性を指摘し、その字は「卣」に从う場合と「㘡」に从う場合が両方あり、「王繇之專字」

としている。(34) 島邦男は「固」・「𡆥」は後世の「繇」字に当り、その字音は「由」であると述べて、唐氏の説を支持している。(35)

（八）「判」字説。貝塚茂樹氏は「王固曰」を「王繇《はんじ》て曰く」と読み、これで始まる文句を「王の繇辞」と呼んだことから、基本的に「繇」字説を採っていたと思われる。(36) 後に「繇」を釈文に用いず、「王固曰」・「王𡆥曰」をそれぞれ「王固《はん》じて曰く」・「王𡆥《はん》じて曰く」と読み、「王固曰」で始まる文句について「卜占によって、表面に出た卜兆を、王が判断した結果を記録した文である」と、また「𡆥」について「第一期卜辭

---

(27) 水上静夫『甲骨金文辞典』、上巻、一七二―一七三頁。なお、水上氏は『甲骨文字集釋』第三冊の一〇九九頁所収のこの一八個字形を整理して、その中に混在している「𡆥」でないものの四個を甲骨字形の最後に並べ換えている。

(28) 于省吾主編『甲骨文字詁林』、姚孝遂の按語、第三冊、二一七七頁、中華書局、一九九六年。

(29) 王襄『簠室殷契類纂』存疑、六三頁。また同氏『簠室殷契徵文』考釋第二編の「地望」、二頁、天津博物院、一九二五年。

(30) 商承祚「殷虚文字考」、國學研究會『國學叢刊』第二巻第四期所収、一二四頁、一九二五年。

(31) 高田忠周『古籀篇』、巻二十九、それぞれ一八―一九頁、二七―二八頁、古籀篇刊行會、一九二五年。

(32) 容庚・瞿潤緡『殷栔卜辭』釋文、一頁、哈佛燕京學社、一九三三年。

(33) 容庚・瞿潤緡『殷栔卜辭』釋文、唐蘭の按語、二頁。

(34) 唐蘭『天壤閣甲骨文存』考釋、一一―一二頁、輔仁大學、一九三九年。

(35) 島邦男『殷墟卜辭研究』、二七六頁、中國學研究會、一九五八年。

(36) 貝塚茂樹『中國古代史學の發展』、弘文堂書房、一九四六年、また『貝塚茂樹著作集』所収、第四巻、二三五頁、中央公論社、一九七七年。

の固に同じ。側に亅を附す」と説明していることから、明言はしないものの、それらを「判」字と考えているようである。[37] 伊藤道治もそれぞれ「王が固じて曰く」・「王が吅じて曰く」と読み、「吅」について「卜兆を判定する意味の語である。第一期では、固と書く」と説明していたが、[38] 後に「王が固（＝判）じて曰く」と表記するようになったことから、やはりそれらを「判」字と認識していることが分かる。[39]

（九）「占・卟・乩」字説。方述鑫は「固・吅」を「占」とした上に、「占・卟・乩當是異體字」と述べ、卜辭では「固」・「吅」の意味はいずれも「視兆問」であると説明している。[40]

以上のようにこれまでの説を概観してきたところ、（一）の「占」字説と（二）の「卟」字説・「乩」字説・「稽」字説の多数派と、その他の少数派と二極分化していることが分かる。少数派のうち、後に葉玉森によって指摘されたように、卜辞には「啓」字が別に存在することがよく知られているので、[41]（三）の「啓」字説は成立しない。また「固」と「咕」は字形上の類似性が若干見られるものの、意味・用例や発音には同一性がないため、（四）の「咕」字説も認められていない。「筮」という全く異なるトい方と結び付けて、「固」を「卦」字と推測するのは文法にも合っておらず、（五）の「卦」字説は殆ど注目されたことがない。（六）の「稽」字説には非常に合理的な部分とそうでない部分がそれぞれあって、これについてまた後文で分析したい。（八）の「判」字説については、確かに「固」字に判断という意味が含まれているが、それ以外のしかるべき根拠がないようで、直ちに「固」は「判」字そのものであるとは言いがたい。（九）の「占・卟・乩」字説は（一）の「占」字説と（二）の「卟」字説・「乩」字説・「稽」字説を両方取り入れているが、しかし後述のようにこの両説には対立しているところが多く、それらを同時に認めるのはやはり無理がある。

このような少数派と異なり、それぞれ深く検討されてきた多数派の中で、㈡の「卟」字説・「乩」字説・「稽」字説は多くの学者によって多角的に論考されているが、これと比べると、より直観的で分かり易い㈠の「占」字説は浸透力が強く、広く支持されてきて最有力に見える。このほか、㈦の「繇」字説は少数派でありながら、かなり詳しく考察されており、ある程度影響力を持っている。しかし個別の字形や用例に止まらず、「囗・卟」について全面的に整理して、文字としての歴史的展開を通時的に考察すれば、以上の有力な三説のうち、果たしてどのような説が最も妥当なものであろうか。以下は「囗・卟」について、字義・字形・字音から体系的に検討したい。

(37) 貝塚茂樹『京都大學人文科學研究所藏甲骨文字』、本文篇、それぞれ一四五頁、六六三頁、京都大學人文科學研究所、一九六〇年。
(38) 伊藤道治「國立京都博物館藏甲骨文字」、「黒川古文化研究所藏甲骨文字」、いずれも『文化學年報』所収、それぞれ一七六頁、一九三—一九四頁、一九八四年。
(39) 伊藤道治『甲骨文字　釋文』、『ひと　もの　こころ』第一期第五巻『天理大學附屬天理參考館藏品』所収、六頁、天理教道友社、一九八七年。
(40) 方述鑫「甲骨文口形偏旁釋例」、『古文字研究論文集』(『四川大學學報叢刊』第十輯)所収、二九二—二九三頁、一九八二年。
(41) 同注21。

第二節　字義に関する考察

先に字義について見ることとしよう。瞿潤緡は「𡆥」を『尚書』洪範に見える「稽疑」の「稽」、『説文』では「卟」に作っているものとする考え方に反対し、次のように述べている。

按卜辭「王𡆥曰」以下似非疑問之辭、最明顯者如「王𡆥曰：吉」（原注：四〇二背）之類、自與「洪範」之「稽」、『説文』之「卟」不同、攷其辭與「盤庚上」「卜稽曰：其如台」之句法相似、乃繇詞而非命詞也。稽、考也、視兆考定吉凶也、是𡆥即「稽」字而非『説文』之「卟」矣。[42]

この説の当否について、卜辞の用例をいくつか挙げて考えてみよう。

（1）其雨。
不雨。【一期、乙6469＋乙6601＝丙153＝合16131正】
王𡆥曰：其夕雨、夙明。【一期、乙6470＋乙6602＝丙154＝合16131反】

（2）庚子卜、㱿、帚娸冥、妨。
貞帚娸冥、不其妨。【一期、乙1277＋乙1905＋乙4071＋乙6879＋乙7834＋乙8063＝丙96＝合376正】
王𡆥曰：其隹甲冥。【一期、乙1278＋乙1906＋乙4072＋乙6880（＋乙7834＋乙8063）＝丙97＝合376反】

（3）丙申卜、……𣈆。子𡆥曰：其宔、卩。【一期、花173】

（4）癸卯卜、出卜、其㞢取。出𡆥曰：〔其〕……【一期、明2265＝合20535】

（5）……入商。ナト𠯑曰：弜入商。【歴組、屯930】

以上の卜辞の（1）・（2）では、「固・凪」が見られる「王固（凪）曰」は常に卜う事柄を記した部分と王が卜兆の吉凶を判断した言葉との間に挟まれており、『尚書』盤庚上に見える「卜稽曰：其如台」という一句と比べると、内容的にも文法的にも相通じていることが明らかである。また後述のように、（3）・（5）の「𠯑」は「固」や「凪」と同じ文字である。卜辞によれば、「固・凪」即ち卜兆の吉凶を判断することの主体の殆どが商王であったが、そのほか、（3）の高級貴族である「子」・（4）の貞人である「出」・（5）の卜官である「ナト」も「固・凪」ということを行っていた。この五つの例では、いずれも「固・凪」の行爲の主體と「曰」との間に、「固・凪」が挿入されており、とりわけ（5）には「ナト」が現れていることから、これらが「卜稽曰」と同じ構文で、内容も驚くほど一致していることが分かる。従って、瞿氏が述べたように、「固・凪」を「稽」と理解しても何ら不都合はない。

ただ瞿氏は「固・凪」を「稽」としながらも、それは『說文』の「卟」ではないと考えているので、そこでまず『說文』の次の箇所を見なければならない。

卟、卜㠯問疑也。从口卜。讀與稽同。（『說文』三篇下・卜部）

𥡴、畱止也。从禾、从尤、旨聲。（『說文』六篇下・稽部）

（42）同注32。

これによれば、「卟」の本義は卜して疑いを問うことであり、発音は「稽」と同じである。また大徐本[43]では、「卟」の上記の説解に続き、「『書』云：卟疑」と『尙書』洪範の用例が引かれており、現行本の「稽」はここでは「卟」に作っている。しかし小徐本では説解の下に「鍇曰：『尙書』曰：明用稽疑」とあり[44]、『古今韻會擧要』八齊に「徐引『書』：七、卟疑」とあるように[45]、大徐本に見られるこの四字は、元々徐鍇が引用したもので後に『說文』の本文に混入したと思われる[46]。一方、「稽」は留める意であって、段注に「凡稽畱則有審愼求詳之意、故爲稽攷」とあるように、考える意はその本義ではなく、留めるという意味から派生した引伸義であろう。瞿氏が『尙書』盤庚上の「稽」について、考える意から、卜兆を視てその吉凶を考えて判断する意と分析して具体化したことは、卜辞の「固」と経典の「稽」との字義上の共通点を見出すことで問題解決の糸口を得た点、大きな意義がある。

しかし「卜稽曰」の「稽」の意味を「視兆考定吉凶」としたからには、それを「稽疑」の「稽」と区別するのは難しく、またその必要もない。そもそも、『尙書』盤庚上の「卜稽曰」の「稽」について、劉逢祿は「稽、考也」と注を加えているし[47]、また『尙書』洪範に見える「稽疑」の「稽」について、蔡沈も「稽、考也」と注している[48]。これはいずれも『尙書』堯典に見られる「曰若稽古帝堯」の「稽」に対する「稽、考也」という孔安國注を踏襲したものであり、非常に由緒正しい故訓である。更に「卜稽曰」について「視兆考定吉凶」のことは、当然ながら卜兆、そして卜いを前提としており、「稽疑」についても卜いが必要条件であることは言うまでもない。従って、「卜稽曰」と「稽疑」の「稽」を同じ意味を持つものと考えるのは妥当であろう。瞿氏はそれらを異なる意味として扱ったため、『說文』が与えてくれる重要な手掛かりを見逃してしまったと言える。

前述した「卜稽曰」と「稽疑」の「稽」に共通する「卜い」という要素は「卜吕問疑」を本義とする「卟」字にも紛れなく存在している。「卜吕問疑」というのは卜いによって疑問のあることについて考察して予測することであるため、そこから「考」という意味が派生してくるのはごく自然なことである。一方では「畱止」を本義とする「稽」字も段玉裁が分析したとおり「考」の意を表すようになった。「卟」字と「稽」字は異なる出発点からそれぞれ意味の引伸を遂げ、「考」の意味というところで交差する。そこで『說文』は「卟」字について「讀與稽同」とその発音を表記する形で両者の密接な関係を示している。

『說文』に屢々現れる「讀與……同」または「讀若……同」というような説明が発音を示すものであることは言うまでもない。この点について、段玉裁は「凡言『讀與某同』者、亦卽『讀若某』也」と、[49]また「凡

（43）徐鉉らが校訂した『說文解字』を大徐本と言う。本書では一八七三年陳昌治の刻本による、一九六三年中華書局影印本を用いる。

（44）徐鍇が『說文』を校訂して著した『說文解字繫傳』を小徐本と言う。本書では烏程張氏藏述古堂景宋寫本及び古里瞿氏藏宋刊本による、一九二六年商務印書館影印本（『四部叢刊』所収）を用いる。

（45）黃公紹・熊忠『古今韻會擧要』八齊、巻四、八三頁、明嘉靖十五年（一五三六）江西刊本による影印本、中華書局、二〇〇〇年。

（46）鈕樹玉『說文解字校錄』、巻三下、三一頁、江蘇書局、一八八五年。

（47）劉逢祿『尙書今古文集解』盤庚上、『景印岫廬現藏罕傳善本叢刊』所収、臺灣商務印書館、一九七三年。

（48）蔡沈『書經集傳』洪範、上冊、七七頁、『四書五經』所収、世界書局影印本による影印本、中國書店、一九八四年。

（49）『說文』一篇上・玉部の「玜」字の段注。

言『讀若』者、皆擬其音也」と述べている。[50] しかしこれのみならず、錢大昕は「古同音假借說」において、

漢人言「讀若」者、皆文字假借之例、不特寓其音、竝可通其字。卽以『說文』言之、……（中略）……『說文』又有云「讀與某同」者、如……（中略）……「𠮦、讀與稽同。」今『尙書』「𠮦疑」正作「稽」字。……（中略）……以是推之、許氏書所云「讀若」、云「讀與同」、皆古書假借之例。假其音、竝假其義、音同而義亦隨之、非後世譬況爲音者可同日而語也。[51]

と『說文』から「𠮦」字を含む多数の例を挙げて、「讀若」や「讀與……同」は発音だけでなく、假借つまり意味的な関係をも表すものであると詳しく考証しており、また経典の用字との関係について「『說文』云『讀若』者、皆經典通用字」と述べている。[52]

更に王筠は「讀與……同」と「讀若……同」とを区別して、以下のように述べている。

凡言「讀與某同」者、言其音同也。凡言「讀若某同」者、當是「讀若某」句絕、「同」字自爲一句、卽是一字分隸兩部也。然傳寫卽久、必有「與」、「若」二字互譌者、謹分別說之。然亦其可疑者耳、不盡出也。[53]

これによれば、「讀與……同」が同音を示すのに対して、「讀若……同」は「讀若……、同」と読むべきであって、異なる部首に配属された同一の文字を表すものとなる。この論述に続き、王氏は二五例を挙げて必要に応じて説明を加えている。そのうち、次のようなものがある。

「玜、讀與私同。」（『說文』一篇上・玉部）

「𤔔、讀若亂同。」是謂爲一字也。（『說文』四篇下・𠬪部）
「攺、撫也。讀與撫同。」是謂其同字也、「與」當作「若」。（『說文』三篇下・攴部）
「⿰牛余、讀若塗同。」「若」當作「與」。（『說文』二篇上・牛部）(54)
「卟、讀與稽同。」亦謂其可通借耳。（『說文』三篇下・卜部）

『說文』と照合すれば、「石之似玉者」を本義とする「⿰王厶」字は「私」字と同音であって、意味はそれぞれ異なっているが、「治」と本義とする「𤔔」字は発音も意味も「亂」字と同じであることが分かる。このような例から見れば、王氏の説は『說文』の用語と一致する。ただ一致していないものもあり、例えば「撫」と本義とする「攺」字は「撫」字と同一の文字である一方、「黄牛虎文」を本義とする「⿰牛余」字は「塗」字の意味と異なるため、王氏は説解に見える「與」や「若」を書写の誤りと考え、訂正を試みた。また、王氏は「是謂其同字也」と指摘する「攺」字の例の次に「卟」字の例を挙げ、「亦謂其可通借耳」と説明することから、「卟」と「稽」は同一の文字であると明言していないが、「攺」と「撫」との関係に相当する「通借」の関係であると述べている。

(50) 『說文』一篇上・示部の「⿱彖示」字の段注。
(51) 錢大昕『潛研堂文集』所収「古同音假借說」、巻三、一八〇六年刊本。
(52) 錢大昕『十駕齋養新錄』、巻四、浙江書局重刻本、一八七六年。
(53) 王筠『說文釋例』所収「讀同」の条、巻十一、二七一頁、一八五〇年刻本による影印本、中華書局、一九八七年。
(54) 同上、二七一―二七二頁。括弧中の『說文』の出典は筆者が附したものである。

銭大昕に始まる「讀若」や「讀與……同」が発音のほか字義の同一性を表すこともできるという説は『說文』の体裁に関する重要な発見であって、多くの学者に認められてきた。例えば、陸宗達は銭大昕らの説を信用すべきものとしており、[55] 任學良は王筠が纏めたこの説は「符合『說文』的精神」と評価している。[56] また李國英[57]や蔡信發[58]は、王筠のように「讀與……同」と「讀若……同」とを区別するのではなく、その「同」という表示の有無によって分類する。即ち「同」字が加えられている場合、「讀與……同」も「讀若……同」も意味的関連を示すものと考えている。

以上の諸氏の論考によると、『說文』の「卟」の說解に見える「讀與稽同」という一句は「卟」と「稽」について、単なる同音関係を表すものではなく、両者の同義関係、言い換えれば同一文字の関係を併せて提示するものと思われる。若し王筠の説く「讀與……同」と「讀若……同」との厳密な使い分けが『說文』にあったとすれば、現行の諸本と同じく宋刊本の『說文』[59]にも「讀與稽同」とあるが、元々「讀若稽同」に作っていた可能性が高い。また、「讀與稽同」という説明に筆写による誤りがなくとも、その「同」という表示があるからには、「卟」と「稽」との同音かつ同義の関係が認められるであろう。いずれにせよ、既述のように「固・乩」と「稽」との同義関係に立脚しながら、「稽」と「卟」は同音・同義で同一文字であることを踏まえて、甲骨卜辞に現れる「固・乩」を経典に見られる「稽」、また『說文』に見える「卟」と推定できよう。

しかしこの説よりも、「固・乩」を「占」字と考えている者がかなり多いようである。『說文』三篇下・卜部に「𠧩、視兆問也。从卜口」とあり、「固・乩」との意味的な共通点は否定できないが、ただ卜辞では、

「固・乩」の外に「占」字が別に存在している。以下、管見の及ぶ限りでの「占」字を含む卜辞を掲げる。

(6) 戊戌卜、扶占、劬。【一期、(餘2.2＝通467＝續5.7.4)＋α＝戩33.15＝合21069】

(7) ……内……占……【一期、前4.25.1＝合3815】

(8) 壬子卜、……占……【一期、後下4.2＝合19201】

(9) 丁丑卜、王貞：余勿卒占余戠。三月。【一期、前8.14.2＝合20333】

(10) 乙丑卜、王貞：占娥子余子。【一期、合21067】

(11) 己酉卜、王占、娥冥、允其于壬不。十一月。【一期、續5.7.5＝合21068】

(12) 甲申卜、王于匕己钔、占娘。十月。【一期、合19886】

(13) 壬寅卜、令雝复占。【一期、乙4925＝合22048】

(14) 甲子貞、不亡占。【一期、乙791＝合21959】

(15) ……卜、余夢……姦……占……【一期、佚505＝〔(存上1197＝合8200)＋α〕＝合21767】

---

(55) 陸宗達『說文解字通論』、四一頁、北京出版社、一九八一年。

(56) 任學良『說文解字引論』、一〇一頁、福建人民出版社、一九八五年。

(57) 李國英「說文研討」講義ノート、林美玲「說文讀若若綜論」所引、『國立臺灣師範大學國文研究所集刊』第四十二號所收、頁七四四、一九九八年。

(58) 蔡信發『說文答問』、八九―九〇頁、國文天地雜誌社、一九九三年。

(59) 日本巖崎氏靜嘉堂藏北宋刊本(大徐本)による影印本、『四部叢刊』所收。

（16）……固曰：吉。……占。【一期、乙6259＝合17696反】
（17）……占……旬……𡆥。【三期、甲1181＝合補10026】
（18）……占……女亡……才祀。□月。【三期、佚807＝合28170】
（19）……又占。【三期、屯4526】

この「占」については、王襄は既に「古占字」[60]、「疑占字」[61]と指摘している。更に李孝定は『説文』の「占」字の説解を引き、「卜辭占字有作占者、有作固者、其義亦有別。作占者、其義如貞」と述べ、上の（6）・（7）・（8）・（17）を挙げて、その用例は卜辞によくある「……卜……貞」の用例と完全に一致しており、また（6）の「扶」（李氏は「大」としている）と（7）の「內」はいずれも貞人の名前であるので、その意味は「貞」の如きであろうと分析しており、「貞」の訓は「卜問」で、「占」の訓は「視兆問」であって、両者の意味が近いので、卜辞では「或以占易貞」と考えている。一方では、「作固者其辭多作『王固曰』云々、乃得兆後的繇詞、與許訓小異、釋占是也」としている[62]。李氏は「占」と「貞」との共通点を見出し、「占」を「貞」と推測するのは示唆に富んだものと思われる。実際、上の卜辞には、「固」の用例と同じものは一つもないことから、卜辞の「占」は具体的にどのような意味であるかはともかくとして、卜辞では「占」と「固」との意味や使い方が異なっていることは否定できない。従ってそれらを同一の文字と見なすのはやはり妥当ではない。

第三節　字形の変遷とその由来の探究

甲骨文字は、ごく一部の筆写されたものを除けば、周知のように殆どが甲骨に刻まれたものである。本書では、甲骨文字について、筆写するものだけでなく、刻み付けるものも含め、「記す」・「文字記録を遺す」という意味で「書く」という表現を用いる。

次に字形について考えると、まず甲骨文字の様々な字形を収録する孫海波の『甲骨文編』（以下、『文編』と略稱）[63]と金祥恆の『續甲骨文編』（以下、『續文編』と略称）[64]を参照しなければならない。しかし二書とも基本的に甲骨著録書ごとに文字を集めているので、その字形の分類が為されていない上に、具体的にどの時期のものかについても明示されていない。そこでこの二書に収録されている関連字形を取り上げて、先に董作賓の五期区分法によって分けて、更に字形ごとに分類してその代表的なものを表一に掲げる。

表一では、『文編』や『續文編』に収められている代表的な文字の摹本とその著録番号を挙げており、その上に当該文字の拓本を掲げて、それぞれの時期をも附記する。各種の著録書の略称は若干変更しており、附録三の「甲骨著録略称表」を参照されたい。またその甲骨が『甲骨文合集』[65]（以下、『合集』と略称）に収録

(60) 王襄『簠室殷契類纂』正編、一六頁。
(61) 王襄『簠室殷契類纂』存疑、四頁。
(62) 李孝定『甲骨文字集釋』、第三冊、一一一二頁。
(63) 孫海波『甲骨文編』、中華書局、一九六五年改訂本。
(64) 金祥恆『續甲骨文編』、藝文印書館、一九五九年。

されていれば、併せてその下に『合集』の著録番号を挙げるが、いずれも算用数字で通し番号を附ける。このほか、筆者が必要に応じて補足した文字も同じように掲げるが、ローマ字の大文字を用いて通し番号を附す。ただ、補足した文字が本字ではなく、假借字である場合には、それらを区別するためにローマ字の小文字を使って通し番号を付ける。時期ごとに分類して、同じ形の要素を持つ文字で、各要素の相対的位置も同じく、その方向だけが異なっているものを一つの類に纏める。分類の詳細については、附録二の「字形表に関する分類の詳細」を参照されたい。

表一に挙げている第一期の字形を次のように分類することができる。それぞれの特徴について見てみよう。1類から6類まで、外廓の上部にいずれも線が二本ある。そのうち、1類は上部の二本線と左右の線と「口」の形を成しており、胴体部分の左右二本の線がこれと別に書かれているように見えるが、2類は二本線のうち一本が斜めになっている。3類の上部は独立した「口」に見えず、左右の線がそれぞれ一筆の曲線を成しており、最上部は広がっている。4類は左右の線が斜線となり、字の全体が台形となっている。5類は外廓上部の二本目の線が屈折しており、そして6類の字形全体が矩形であり、共に稀な字形である。

7類から12類まではいずれも外廓の上部には線が一本しかない。そのうち、7類が胴体部分が膨らんでおり、上部が広がっているのに対して、8類は左右の線が双曲線となっており、胴体部分が内側に凹んでいる。最も頻出する9類は左右の線が斜線であり、字の全体が台形である。10類・11類はいずれも矩形となっており、10類の左右の線が上部の横線に突き出ているのに対して、11類はそれが突き出ていない。12類は右の線が何らかの原因で通常の一筆ではなく、二筆で書き終わったもので、非常に珍しい字形である。

そして13類から17類までは筆者が『花東』を精査して、その代表的な字形を取り上げて補足したものである。そのうち、最も注目すべきなのは13類である。従来見られているような「口」が外廓の中にあるものと大きく異なって、「占」に作っており、「口」が「⿴囗卜」の下に書かれているのである。

14類から17類までは、いずれも「⿴囗卜」に作って、下部が一本の曲線となっている。中では14類・15類は共に頸部に二本線があるが、腹部の中の曲線は方向がそれぞれ違っている。そして16類・17類はよく似ているが、16類では腹部の中の曲線は胴体部分の下方に繋がっている長い曲線にほぼ平行するのに対して、17類では前者は後者に向かっている。

以上第一期のうち、1類から6類までと13類から17類までのものは、7類から12類までのものより、曲線を多用しており、象形が勝っていることから、実際に書かれた時代は別として、1類から6類まで及び13類から17類までの字形が比較的原始的なものと考えられる。後述のように、これはこの文字の原型について重要な示唆を与えてくれる。

第二期は第一期と比べると、数が極端に少なくなった上に、みな「⿴囗卜」という字形を用いている。この字形は「⿴囗占」の一部分であり、「⿴囗占」の假借字として使われていたと思われる。本字でないため、ローマ字小文字の番号を附して補足して表一に掲げる。そして第三期の字形は今のところ見つかっていない。

そして歴組卜辞ではこの字はいずれも「占」に作っており、上下構造で「口」が下部に書かれている。これは第一期の13類の字形を受け継いだものと思われる。その上部も「⿴囗卜」であるが、1類・2類は共に最上部に「口」があり、3類・4類はみな一本の曲線となり、5類は左右の線が上に突き出ている程度である。

(65) 胡厚宣等『甲骨文合集』、中華書局、一九七八―一九八三年。

表一「固・凪」の字形変遷表

類	号	時期	著録番号	『合集』番号
1	1	一期	乙七七九五	合六八三四正
	2		乙六七二六	合九九五〇反
2	3		前六、三九、一	合一二四一二
	4		津一六〇一	合一二四一一
3	5		鐵一七〇、一	合一六九八〇
	6		後下二、一	合一三〇四七
4	7		前七、二二、一	合七三六四
5	8		乙六八七八	合三九四六反
6	9		乙六五四九	合三七七一
7	10		乙七二八九	合一〇九六四反
	11		珠一〇四一反	合四〇二一反
8	12		存上一一七	合一四四六九反
	13		佚三八六	合三六七正
9	14		前四、二五、二	
	15		前七、三三、二	合一一九一七
10	16		福三七背	合一一六六一反
11	17		簠四、七五	合四六一九
12	18		絜八反	合四二四反
13	A		花一七三	
14	B		花一〇	
15	C		花一〇	
16	D		花六一	
	E		花一四	
17	F		花一〇三	
	G		花二八八	

類	号	時期	拓本	摹本	著録番号	『合集』番号
1	H	歴組			屯二三八四	
2	I				屯九三〇	
3	J				屯二四三九	
4	1				掇一、四三九	合三四八六五正
5	2				粹一四二七	合三五〇二四
1	a	二期			後下一七、九	合二四九一七
2	b					合二四一一七反
3	c				後下一〇、二	合二四一一八
1	1	五期			前二、四〇、二	合三七七一二
2	2				前二、二二、二	合三六七三四
3	3				佚四二八	合三五六四六正
4	4				後上一〇、二	合三六九三六
5	5				甲三二七	合三七六九五
6	6				續三、一八、一	合三七三六五
7	7				存上二三六三	合三七七七〇
8	8				前五、三二、五	合三六五三六

そしてその腹部の中にある斜線が二本乃至一本となっており、2類のように書かない場合もある。補足資料として挙げた1類から3類までの字形を見ると、歴組卜辞ではこの字形がほぼ重複しないということが分かる。

　第五期になると、この字は「乩」に変わっており、字形上の共通点として右下にいずれも短い曲線があることが特徴であるが、場合によってそれが短い縦線に見えるものもある。その左側は様々な形を成している。外廓の上部に二本線があるのは1類から3類までであるが、腹部の中では1類は「卜」で、2類は「丅」で、そして3類は「二」である。更に4類から8類までは、外廓の上部にみな一本の線があるが、腹部の中では4類は「丅」で、5類は「丨」で、6類・7類は「二」となっており、8類は空いているように見える。また見方によって、4類は外廓の上部に二本の線が、腹部の中に「丨」が書かれているかも知れない。なお、第一期・第二期の字形と比較すると、本来なら1類のように「卜」と書くべきであるが、この末世では各種の簡体が出ていたことが窺える。

　表一に掲げている字形を通観すると、「固」から「乩」への変遷が一目瞭然であろう。第一期では、内外構造の「固」から、「口」が独立して「占」となっており、歴組卜辞では「占」のような書き方が定着しつつあった。そして「占」の下部の「口」が一本の曲線になり、普通は「囙」の真下に書かれて「囙」となる。第二期では假借字が用いられており、第三期については未だ不明である。第五期に至ると、下部の「口」また曲線となり、しかも右下に移って「乩」となった。従って、「固」や「占」という字は「囙」と「口」とから成り、「囙」や「乩」という字は「囙」と「）」または「亅」とから成る。また「）」と「亅」はいずれも「口」から変化してきたものである。「囙」と「口」の由来が分かれば、「固・乩」の成り立ちも

自ずと明らかになるはずである。

ところがこの字形について、唐蘭と陳夢家の説が大きく異なっている。前述のように、唐蘭は「⿴囗占」について「從占卣聲」と「從卣占聲」という両立しがたい二説をはっきり取捨せず、また「凪」について「卣旁着〓、象有器盛之」と述べ、この「卣」を音符と考え、「⿴囗占・凪」を「繇」と読むべきとしている。[66] そもそも唐氏は「⿴囗卜字象卜在卣中、當讀卣聲」とするのがこの説の出発点である。一方、陳夢家は、

⿴囗卜之最初象形作〓、象卜骨上有卜兆形、中央研究院史語所集刊四本二分董作賓釋譚坿繪殷虛卜骨作〓（縮小）形、與卜辭⿴囗卜字相同、故知⿴囗卜者卜骨之形也。

と述べて、「凪」について「从冎从〓」と分析し、更に「冎即〓、〓者象卜骨横剖面之形、殷之晩世合二者爲〓」と考えている。[67]

そこで卜骨と卣を取り上げて、先に見てきた各時期の字形と対照しながら、両氏の説を検討してみよう。図一は第二期の卜骨（録42＝合26308）の全形であり、図二は殷墟所在地の河南省安陽縣の西北岡1022号祭祀坑から出土した三節提梁卣である。[68]

まず、表一に示されているように、多くの字形が左右非対称的に書かれており、とりわけ比較的原始的な

(66) 同注34。
(67) 同注24、それぞれ一八頁、二一一頁。
(68)『來自碧落與黄泉——中央研究院歷史語言研究所歷史文物陳列館展品圖録』三三三頁より、中央研究院歷史語言研究所、二〇〇二年。

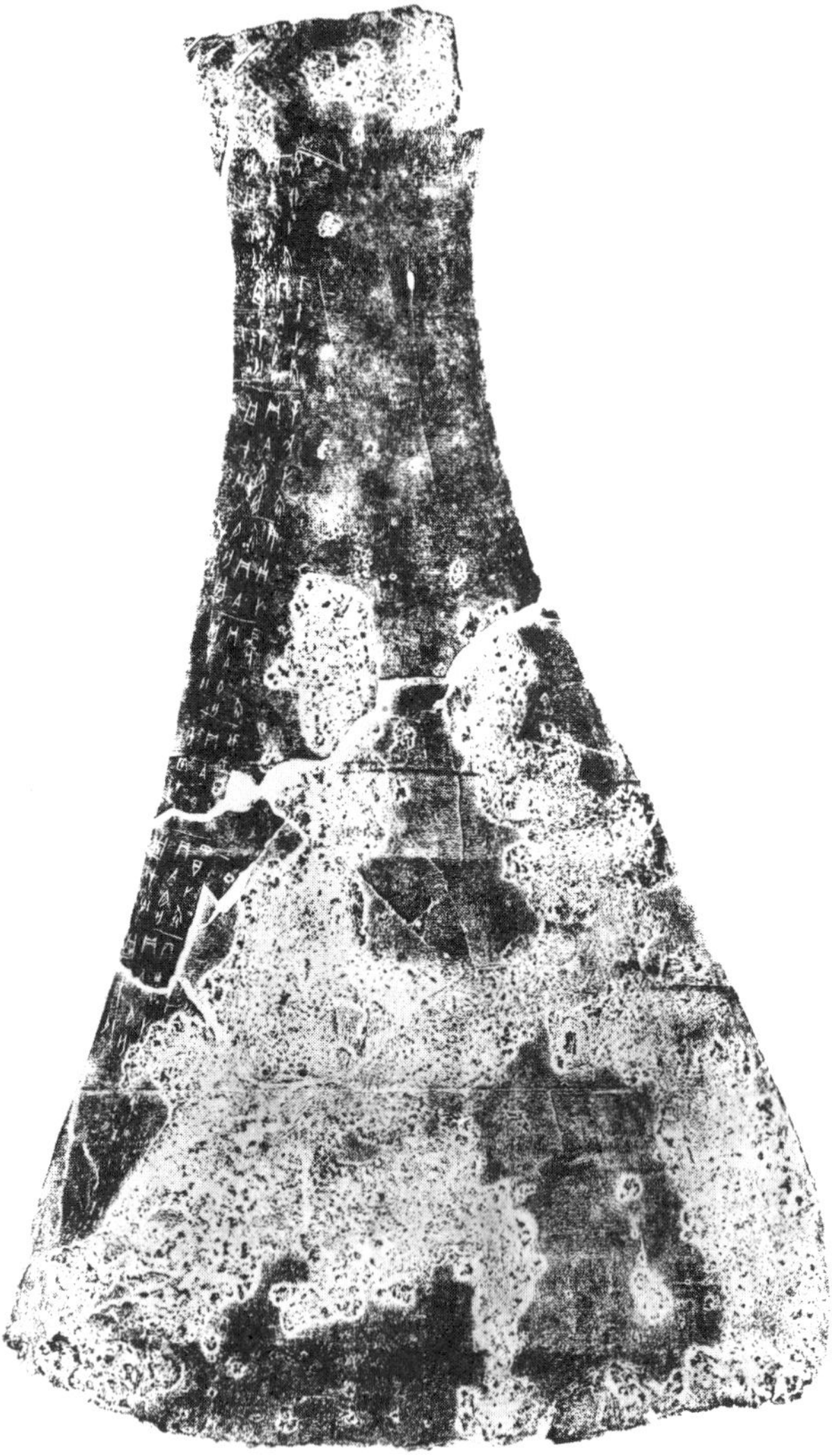

図一　合26308（33%縮小）

図二　殷墟から出土した三節提梁卣

第一期の1類から6類まで及び13類から17類までの字形がより顕著であり、この特徴が第五期なってもよく保持されている点は注目すべきである。図一にあるように、牛の肩胛骨も全体的にやや左右非対称であって、特にその下部の両側の形が異なっていることから、「𠙵・𠙴」の字形は驚くほどこの特徴を如実に表現している。一方では、宋代以来「卣」と考えられている酒器が、普通は円形・楕円形・筒形・方形・鳥獣形の五種類に分けられているが、鳥獣形の卣以外のものはみな対称的である。(69) 図二の三節提梁卣の外廓は「𠙵・𠙴」の字形にかなり似てはいるが、胴体部分が美しく対称的であるほか、提梁が附いており、底には圏足があることから、「𠙵・𠙴」の字形と一致しない。それだけではなく、第一期の13類から17類までの字形や第二期の「𡆥」字の左上か右上の片方だけに欠けているところが見えるのは、図一の卜骨の右上も欠けているように、卜骨として加工される時に当該部分の骨臼が一部切られたからと思われる。そのような加工は卜骨に施すものであって、青銅器には関係のない工程であるため、そのような形を有する卣が当然ながら一つも発見されていない。更に「𠙵・𠙴」に見られる「卜」は、言うまでもなく卜骨に現れてくるひび割れの形であって、卣には同じような模様を見出すことができない。従って「𠙵・𠙴」の字形の下部の非対称性・上部の隅にある残欠や中の「卜」の形などから見れば、これが唐蘭に提示された卣の象形でないことが明らかであり、陳夢家が唱えた卜骨の象形という説が最も合理的である。ただ、「𠙴」の右側の「⅃」は「口」から変形したものであって、それを卜骨の横断面の形とする陳夢家の考えは「𠙵・𠙴」の字形変遷のプロセスに合わず、妥当ではない。以上のことによって、「𠙵」はひび割れが生じた骨に象った「𡆥」と予測・予言を表す「口」とから成ることが分かる。

一方では、『玉篇』乙部に「乩、古奚切、今作稽」と見えるので、(70) 遅くとも『玉篇』が作られた南朝の梁代以前に、「乩」字が既に存在し、のち「稽」字がそれに取って代わったことが分かる。既述のように、「固・卧」は『說文』の「卟」や経典に用いられている「稽」と同一の文字であることから、この「乩」とも何らかの関係があると推測される。実際、その手掛かりが『汗簡』や『古文四聲韻』に遺されている。『汗簡』や『古文四聲韻』では、複数の文字が「稽」と解読されているが、字形上「稽」との関連があるもの以外に、次のようなものも収録されている。それらを整理して、表二に掲げる。

表二の「『稽』（卟・乩）の字形表」に挙げている七つの字形から見ると、1と3は『說文』に収録されている「卟」であって、他は全て『玉篇』に現れる「乩」であることが容易に分かる。[71]その原典について、2と4は『尙書』で、3・5・6・7は王存乂『切韻』で、1は王庶子碑であることから、このような字形が経書・韻書から金石資料まで、広範囲に亘って存在していたことも明らかである。北宋時代に編纂されたとはいえ、郭忠恕の『汗簡』と夏竦の『古文四聲韻』には、『說文』と三字石経以外にも信用できる古代文字を多く収録し、近年評価されつつある。[72]筆者もかつてこの二書を取り上げて考察を加えたところ、そこに収録されている古文が、『說文』や三字石経のみならず、戰國中期の郭店楚簡の文字と合致するものが多数あ

(69) 馬承源『中國青銅器』、二二六―二二五頁、上海古籍出版社、二〇〇三年。
(70) 顧野王『玉篇』乙部第五百十四、『宋本玉篇』、張氏澤存堂本による影印本、五二六頁、中國書店、一九八三年。
(71) 『汗簡・古文四聲韻』、中華書局、一九八三年。郭忠恕『汗簡』は一六四五年馮舒の抄本による『四部叢刊』影印本、夏竦『古文四聲韻』は宋刻配抄本による。表二の字形の1と2はそれぞれ『汗簡』の四頁、三五頁、字形の3―7は『古文四聲韻』の一四頁。
(72) 『汗簡・古文四聲韻』所収李零「出版後記」を参照。

表二　「稽」（卟・乩）の字形表

号	字形	出典	原典
1		『汗簡』	王庶子碑
2			『尙書』
3		『古文四聲韻』	王存乂『切韻』
4			古『尙書』
5			王存乂『切韻』
6			王存乂『切韻』
7			王存乂『切韻』

ることを確認している。(73)郭忠恕と夏竦が、『說文』や『玉篇』をはじめとするしかるべき先行文献によって、これらの「卟」や「乩」を「稽」と解読しており、これらの字形も基本的に信用できると思われる。葉玉森は『汗簡』に引かれている2の字形を挙げて、それが卜辞の「凪」の形に特に近いと述べている。(74)確かに2と4―7の文字の右側は色々な形をしているが、それらを「凪」の右側にある「丨」の各種の変形と見なしてよいし、前者の左側の「占」と後者の左側の「[illegible]」は共に「口」と「卜」とから成るもので、位置が異なっているだけのことから、両者の間に高い類似性が認められる。

　上の表にあるような字形は、『汗簡』と『古文四聲韻』にしか現れないものではない。郭沫若は、東洋文庫所蔵の『尙書』の古代写本では、「盤庚」にある「稽」字が二つとも「[illegible]」に作っているので、それを「稽」の「異文」としている。(75)このほか、『尙書』洪範に二回出現する「稽疑」が、唐代の写本に遡る鎌倉後期の内野本の『尙書』や『書古文訓』では、いずれも「乩疑」に作っている。(76)これらのことは、決して偶然の現象ではなく、みな「乩」と「卟」・「稽」との密接な関係を示している。そして文字発展の流れでは、「乩」が第五期の「𠃦」の名残として、「𠃦」と「稽」・「卟」との間に位置していることから、「固・𠃦」と「乩」・「卟」・「稽」とが、假借を含めて全て同一の文字であると思われる。

第一期の「固」と第五期の「𠃦」は頻出しており、先学によってそれぞれ考証されてきたが、それらの関係や文字としての発展のプロセスについてあまり注目されていない。そのため、前述のように王襄・高田忠周・葉玉森・徐協貞・水上静夫らはみな「固」と「𠃦」とを異なる文字として扱っていた。彼らほぼ全員に先立って、王國維は「𠃦」についていち早く「與固爲一字」と指摘し、鋭い眼力を見せているが[77]、ただ後に出土した他の字形を見ることができなかったため、それ以上は言及していない。本章は、第二期と第四期の字形、とりわけ第一期の13類から17類までの字形を補足して通時的に検討することによって、「固」と「𠃦」との間に欠如していた中間状態の字形を見出して検討を加え、これまで空白であったと言える「固」から「𠃦」への字形上の歴史的展開を明らかにした。また文献や実物との照合によって、「固・𠃦」の成り立ちや

---

(73) 拙稿「仁治本古文『孝經』考――文字學の立場から再檢討を加える」を参照、『人間・環境學』第十一巻所収、八一―九九頁、二〇〇二年。
(74) 同注21。
(75) 同注20。
(76) 顧頡剛・顧廷龍『尙書文字合編』所収、それぞれ一五〇〇頁、一五〇九頁、一五五三頁、一五五六頁、上海古籍出版社、一九九六年。
(77) 商承祚『殷虛文字類編』の「待問編」所引、巻二、一頁、決定不移軒、一九二三年。

近世までの流れについて、より詳しく分析してみた。

第四節　字音についての検討

「固・凪」の発音については、「固」は「囙」と「口」とから成るので、「囙」と「口」のいずれかが「固・凪」の発音を表す可能性が出てくる。

「固・凪」のパーツである「囙」について様々な説が提出されている中、王國維は「『旬無囙』者、猶言『旬無咎』矣」と述べ、「囙」の意味を「咎」と推定している[78]。後に戴蕃豫が、『龍龕手鑑』に「囙、其九反」とあり[79]、『篇海類編』に「囙、音舅」とある[80]ことなどを挙げて、「囙」は「咎」の本字であると述べている[81]。しかし商代の甲骨卜辞にしか現れない「囙」が何故、突如として約二千年後の『龍龕手鑑』に収録されたのかという疑問は残る。張涌泉は『干祿字書』などを引用し、『龍龕手鑑』に見える「囙」は実は「臼」の俗字であろうと考証し、卜辞の「囙」と無関係であることを明らかにした[82]。

ところで、これまで字義、字形から考察し、「固・凪」と「乩」・「卟」・「稽」とが全て同一の文字であると述べてきた。「固・凪」の発音を表す可能性のある「囙」と「乩」・「卟」・「稽」が、字音においてどのような関係があるのかについて少し考えてみたい。第一節で引用した裘錫圭の見解によれば、「憂」と釈読する「囙」は「憂」と同音ではないかと思われる。この「憂」は上古音では影母幽部に属し、一方では「乩」と「稽」は上古音ではそれぞれ見母支部と見母脂部に属している[83]。声紐から見れば、「憂」の属する影母や「乩」と「稽」の属する見母は共に喉音であり、相通ずることがある。例えば、『禮記』曲禮下に「某有負薪之憂」と見え、鄭玄注に「憂或為疾」と、『經典釋文』に「疾本又作疢」とあるが、高亭は「按作疢是也」と述べている。[84]影母に属する「憂」の異文として見える「疢」は正に見母之部に属している。従って「凷・凪」字では、「囙」の音が「乩」・「稽」に通じているため、「囙」は意味だけではなく、「凷・凪」の発音をも表す可能性があると考えられる。

第五節　「凷・凪」字の解讀及びその意義

以上の検討によって、甲骨卜辞に現れている「凷・凪」の形・音・義が明らかになってきた。即ち「凷・凪」は、『説文』に見える「卟」や『玉篇』にある「乩」と同一の文字であり、「卟」や「乩」は「凷・凪」から派生した字形で、経典で用いられている「稽」はその假借字である。そして「凷・凪」は「卟」・「乩」・「稽」と同音である。卜辞では「凷・凪」の意味は瞿潤緡が説いた「視兆考定吉凶」、つまり卜兆を視

---

(78)　王國維『戩壽堂所藏殷虛文字』考釋、廣倉學窘叢書『藝術叢編』第三集所收、一九一七年。
(79)　釋行均『龍龕手鑑』、巻一、六〇頁、江安傅氏雙鑑樓藏本による影印本、『四部叢刊』所収。
(80)　宋濂『篇海類編』。
(81)　戴蕃豫「殷絜亡囙説」、『考古學社社刊』第五期所収、二六―二七頁、一九三六年。
(82)　張涌泉『漢語俗字叢考』、三三〇頁、中華書局、二〇〇〇年。
(83)　本書では、古音は郭錫良『漢字古音手冊』により、北京大學出版社、一九八六年。
(84)　高亭『古字通假會典』、七一二頁、齊魯書社、一九八九年。

てその吉凶を判断することと考えられる。

また、「固・凪」は時代の推移に伴って様々な字形を有していることから、それらの特徴を残してより精確に隷定すれば、卜辞の釈文だけでその時期を示すことが可能である。そのため、少なくとも①「固」（第一期）・②「𡆨」（第一期及び歴組）・③「囙」（第一期）・④「囙」（第二期で用いられていた假借字）・⑤「凪」（第五期）という五種類の隷定の字形が必要になる。

しかし、各種の釈文をはじめ、多くの著作は「固・凪」について隷定の字形の使い分けをしていない。例えば、『殷墟甲骨刻辭摹釋總集』（以下、『摹釋總集』と略称）の釈文では、①の「固」と④の「囙」しか使われておらず、同じ第二期の「王囙曰」の「囙」について、合24917（卜辞は後文の例（59）を参照）では「囙」と隷定されたのに対して、合24117　反（後文の例（61））では「固」と隷定されただけでなく、合24118と合31680（後文の例（64））が同一の甲骨であるにもかかわらず、その「囙」がそれぞれ「固」・「凪」と隷定されてしまった。[85] 第四期の「𡆨」について、屯2384（後文の例（66））・合35024（後文の例（69））・屯2439（後文の例（70））では共に「固」と隷定されているが、合34865　正では（後文の例（67））「囙」と隷定されており、いずれも「𡆨」の字形と異なっている。[86] また卜辞では第五期の「凪」が「囙」と混同して用いられることはないが、『摹釋總集』では「凪」も「囙」と隷定されている。

一方、『甲骨文合集釋文』[87]（以下、『合集釋文』と略称）や『甲骨文合集補編』[88]（以下、『合補』と略称）の釈文では、「固・凪」の各種字形が全て「固」と隷定されており、ある意味では統一ができて分かり易くなったが、しかし第一期以外の「固・凪」の字形に関しては、『摹釋總集』の隷定の殆どが甲骨の字形と違っており、『合集釋文』や『合補』釈文の隷定の全部が甲骨の字形と合っておらず、三者ともその特徴的な原形を反映していないことが分かる。これらと異なり、『屯南』の釈文では、第四期の「㞢」が隷定されず、甲骨文字の原形が模写されている。「固・𠁧」の多様な字形に表されている卜辞の時代的特徴を失わないように、第一期の「固」に統一することや、微妙な差が要求される甲骨文字の模写はせず、やはり前述の五種類前後の隷定の字形を釈文で使い分けることが望ましいであろう。

そして卜辞の「……固（𠁧）曰」または「……固（𠁧）」で始まる部分の名称について、従来は「占辞」と呼ばれてきたが、既述のように、卜辞では「固・𠁧」と「占」は同一の文字でないため、この呼び方はあまり適切ではない。「占」字の代わりに、先述の五種類の隷定の字形のうち、④の「𡆥」という假借字以外のものがいずれも使えるが、①の「固」は頻出している早期の典型的な字形であることから、本稿では「固辭」という名称を用いる。また、『說文』・『玉篇』・経典にある文字を使用すれば、それぞれ「卟辭」・「乩辭」・「稽辭」と謂うこともできる。

「固・𠁧」に対する認識のレベルは、言うまでもなく甲骨学の様々な著作に反映されている。例えば、『甲骨文編』では、「固」（前文の表一の「『固・𠁧』の字形変遷表」に挙げている第一期の18号までの字形）が「占」と共に巻三の「占」という親字の下に配置され、両者が同一の文字として扱われている。また「㞢」（表一の第

(85) 姚孝遂主編『殷墟甲骨刻辭摹釋總集』、それぞれ上冊の五五三頁、五三七頁、下冊の七〇四頁、中華書局、一九八八年。
(86) 同上、下冊、それぞれ一〇一〇頁、七九六頁、七九一頁、一〇一一頁、七九〇頁。
(87) 胡厚宣主編『甲骨文合集釋文』、中國社會科學出版社、一九九九年。
(88) 彭邦炯・謝濟・馬季凡『甲骨文合集補編』、語文出版社、一九九九年。

四期の１・２号の字形）は巻二の口部に附され、「凪」（表一の第五期の字形）は親字を立てず巻末の附録上に配されており、「固」との関係について言及されていない。[89] ほぼ同時代の『續甲骨文編』では、「固」・「凪」が「占」・「𡆣」と共に巻三の「占」という親字の下に並べられ、「固」と「凪」を同一の文字とする点は『文編』より一歩前進したが、それらを「占」・「𡆣」と一緒に扱っており、しかも「固」の文字群の中に「占」が二つ混在し、また、もう二つの「占」が何故か独立して巻二の口部に附されている。「固」と「凪」をこれらの文字から完全に見分けるのが困難であったことが分かる。[90] なお、『續文編』には、「冎」の字が見当たらない。

それから三十年以上が経って、『甲骨文字詁林』が出版された。その二二四三号親字「固」の下に「固」と「𡆣」の甲骨字形が掲げられ、前述のように、姚孝遂はその按語で「固」と「凪」を異なる時期の形体とし、「當釋『卟』、讀若『稽』」と述べたことから、「固」に対する理解が次第に深められてきたと言える。ただ二二四四号親字「𡆣」が「凪」の隷定の字形とされたり、二二四六号親字「冎」について姚氏の按語に「與「固」有別」と見えたり、巻末の発音順の索引では「固」が「占」と同じ箇所に挙げられ、それらが同音の字として処理されたりしているので、その理解を補完する余地がなお残っていることが窺える。[91] またこうした理解の妥当な部分も必ずしも活かされているとは限らない。今世紀になって出版された『殷墟花園莊東地甲骨』の釈文では、「冎」（表一の第一期のＡ号の字形）と「𡆣」（同Ｂ—Ｇ号の字形）が重要視されておらず、全て「占」と隷定されてしまった。[92] このようなことから、本書の第五章で「固・凪」について全面的に分類・整理して、その字形の変遷をはじめ、字義や字音についても系統的に究明する試みは、決して無意味ではなかろう。

(89) 孫海波『甲骨文編』、それぞれ一四九―一五〇頁、四六頁、七二一頁、中華書局、一九六五年改訂本。

(90) 金祥恆『續甲骨文編』、それぞれ巻三の三三―三五頁、巻二の一四頁、藝文印書舘、一九五九年。

(91) 于省吾主編『甲骨文字詁林』、第三冊、二一七四―二一八一頁、二一八三―二一八四頁、また第四冊、巻末の四九頁、中華書局、一九九六年。

(92) 『殷墟花園莊東地甲骨』、第六冊、それぞれ一六二六頁、一五六一―一五六二頁など、雲南人民出版社、二〇〇三年。

第六章　固辞の性格とその変遷

以上「固・乩」の字義・字形・字音について検討してきたが、その用例を卜辞に求めると、既述のように常に「……固（乩）曰」という決まり文句で固辞に先だって現れる。そのうち、固（乩）を行う「王」が主語として加えられ「王固（乩）曰」となる文が圧倒的多数を占めている。

第一節　甲骨卜辞における固辞の位置

ここで卜辞の構成から固辞の位置を確認すると、周知のとおり完全な卜辞は、一般に前辞・命辞・固辞と験辞とからなる。例えば、次のような卜辞がある。

(20) A. 癸未卜、爭貞：　B. 旬亡𡆥。　C. 王固曰：㞢希。　D. 三日乙酉夕、丙戌允㞢來入齒。

【一期、（鐵233.3＝合17713）＋（鐵68.3＝珍103＝合補4829正）＋（鐵185.1＝通436）＝合17299】（図三）

（21）A. 癸未卜、㱿。【一期、菁1.1＝合6057正】（図四上）
C. 王固曰：㞢希、其㞢來嬉。 D. 乞至九日辛卯、允㞢來嬉自北。蚁妻笅告曰：土方帰我田十人。
【一期、菁2.1＝合6057反】（図四下）

（22）A. 癸巳王卜、 B. 貞：旬亡畎。才正月。 C. 王𡆥曰：大吉。甲午壹魯甲、𠭯羌甲。
【五期、前1.42.2＝通115＝合35748】（図五）

以上卜辞のうち、次のA―Dという四つの部分に分けることができる。

A. 前辞　占卜の日と貞人の名を記した冒頭の部分
B. 命辞　卜う事柄を記載した部分
C. 固辞　主に王が卜兆の吉凶を判断した言葉
D. 験辞　後に起こった事実と予兆との関係に関する記事

（20）は『鐵雲藏龜』では別々に著録されていたが、実は最も早く公表されて初めて世人の目に触れた完全な卜辞である。（21）と（22）には、それぞれ命辞と験辞が記されていない。張秉權が既に述べているように、前辞・命辞・固辞・験辞という四つの部分は、どの卜辞にも揃っているとは限らず、また常に連なって記されているわけでもない。甲骨の正面と裏面にそれぞれ記載される場合もあって、多様な形となっているが、一つの変わらない原則は、卜辞が常にそれぞれ関連する卜兆または鑽鑿の穴の近くに記されていることである。[1] 言い換えれば、一条の卜辞が甲骨の正面と裏面のそれぞれほぼ同じ箇所に記されていることがあ

図三　合17299（65%縮小）

る。中でも、固辞や験辞が甲骨の反対側に書かれることが非常に多い。

例えば、図三及び図五の上部を見れば分かるように、⑳や㉒に挙げた一条の卜辞が纏めて同じ箇所に記載されている。これらに対して、図四の大きな卜骨には多数の卜辞が刻まれており、纏めて同じところに記載されているものもあれば、正面と裏面にそれぞれ記されているにもかかわらず、一条の卜辞に属するものもある。㉑に掲げている一条の卜辞は、前辞が正面の右上の目立たないところに記されており、命辞が見当たらず、恐らく周りの卜旬卜辞と同じ内容のため省略されているのであろう。しかしこの一条の卜辞は正面に見える四文字だけではなく、実はその裏面には長い固辞と験辞が残されている。裏面では正面の四文字と同じところが材質の関

図四　（上）　合6057正　（下）　合6057反　（両面とも33％縮小）

係で卜辞を刻むのに適さないので、少し右にずらして刻むことを余儀なくされた。この長い固辞と験辞が正面にある僅か四文字に過ぎないものと一条の卜辞に属していると推定できるのは、両者が卜骨の両面のそれぞれほぼ同じ箇所に記されており、更に裏面の験辞に「乞至九日辛卯」とあり、「辛卯」の九日前は正に「癸未」であって、この卜骨の両面にはこれに合致するのは正面の「癸未卜、㱿」しかないからである。また正面の前辞の上と左、並びに裏面の固辞と験辞の上と右には、いずれも他の卜辞と混同しないように「界劃」と呼ばれる境界線が引かれているのも両者の密接な関係を示している。この巨大卜骨はあまりにも有名で屢々取り上げられているが、(21)に挙げたものが実は一条の卜辞であることは未だそれほど気づかれていないようである。

甲骨の正面と裏面にそれぞれ書かれる卜辞が一条のものであると確認できれば、当該卜辞の全貌が把握し易くなるのは言うまでもない。それについて十分な認識がなければ、次のような卜辞に対する解読には支障を来す恐れがある。

(23) ①戊辰……癸……
②癸卯。
③癸丑。

図五　合35748

(1) 張秉權「甲骨文簡説」、『大陸雑誌』第四十一巻第八期所収、一七頁、一九七〇年。

④癸亥。
⑤癸酉。
⑥癸未。
⑦癸巳。
⑧貞旬亡𡆥。七月。
⑨〔貞：〕旬亡𡆥。
⑩□戌□、□芻𡴘自炆圉六人。八月。【一期、前3.13.3＋絜124＝合139正】（図六右）
①王固曰：㞢希。五日丁未才臺圉羌。
②癸亥卜、爭貞：旬亡𡆥。
③……希……【一期、前7.19.2＋絜124背＝合139反】（図六左）
（24）①貞：〔叀〕妌爽、㞢从雨。
②……隹五……五牛……十牛、若。【一期、前5.33.3＝合1131正】（図七右）
①王固曰：吉、〔爽〕。
②〔王〕固曰：〔吉〕、其酓。【一期、合1131反】（図七左）

図六の右にあるように、（23）の背面の①が②の下に刻まれ、容庚・瞿潤緡はそれらを別々の卜辞としていたが[2]、『䒳釋總集』や『合集釋文』は共に①を②に繋げて、一条の卜辞としている。[3] しかし①の験辞には「五日丁未」とあり、卜った日は五日前の「癸卯」であって、②の「癸亥」ではないので、容・瞿両氏が正

図六　(右)　合139　正　(左)　合139　反
(両面とも50%縮小)

図七　（右）　合1131　正　（左）　合1131　反

しく、『摹釋總集』や『合集釋文』は誤っていることが明らかである。実はこの背面の①は正面の卜旬卜辞の固辞と験辞であって、正面の下にある②の「癸卯」か、或いは上にある⑧の「貞旬亡囚。七月」と一条の卜辞になると思われる。正面の⑧には干支が書かれていないが、若しそれが⑦の「癸巳」の十日後であれば、ちょうど「癸卯」となるので、そして両面の位置関係から見ても、正面の⑧と背面のほぼ同じところから刻まれている①とが一条の卜辞である可能性が強い。

また図七の右にあるように、(24)の背面の下部に刻まれている固辞①の「吉」の下の文字が欠けているので、『摹釋總集』は「…」によってその缺損を示しており、『合集釋文』は「衣」と補っている。[4]実はこの背面の①も正面の同じところの①の固辞であることから、この欠けた文字は、残っている部分から見ても分かるように、「衣」ではなく、正面の①に現れた「㚇」のはずである。このように、異なるところに記されている固辞とその前辞や命辞とを特定することは、卜辞を正しく区切ったり、欠損した文字を正確に補ったりするのに大変役立つのである。

さて「王固(朏)曰」で始まる王の固辞に、商王の実像を知る上で多くの手掛かりが含まれていることは言うまでもないが、残された固辞の数は内容が多岐に亘る命辞に遥かに及ばないので、ともすれば看過しがちであると言わねばならない。吉德煒(Davia N. Keightley)は武丁時代の固辞と験辞との関係について例を挙げて研究したが、[5]固辞についての全面的な研究は未だ不十分である。そこで固辞全般を対象として、董作

(2) 容庚・瞿潤緡『殷契卜辭』釋文、一二三頁。
(3)『摹釋總集』、上冊、五頁、『合集釋文』、第一冊。
(4)『摹釋總集』、上冊、四六頁、『合集釋文』、第一冊。

賓の五期区分法を用いて第一期、第二―第四期、第五期という三つの部分に分け、それぞれ内容や形式によって分類を試み、固辞の性格を浮かび上がらせて分析したいと思う。また現存する命辞より少ないとはいえ、公表されている卜辞の中には、二〇〇〇条以上の固辞があり、限られた紙数では全部掲げることができないので、各類型の中から典型的な例を挙げて説明したい。

第二節　第一期固辞の分類とその性格

第一期の固辞は一〇〇〇条を超えており、内容・形式ともに多彩である。とりあえず王が未来の事柄について予測した可能性の種類によって（一）単一型・（二）選択型・（三）綜合型という三つの大類に区分し、更に可能性の吉凶によって1の吉兆類と2の凶兆類という二種類に分け、そしてその予言の具体性によって①簡易式と②詳細式という二方式に細分してみよう。詳しくは以下のとおりである。

（一）単一型

単一型の固辞では予測された事柄の可能性は吉と凶のいずれかであり、複数の可能性は全く言及されない。

1、吉兆類

①簡易式

吉兆類簡易式の固辞は「吉」のみであって、最も簡単な予言である。

（25）癸未貞：旬亡囚。
王固曰：吉。【一期、前7.22.1＝合7364】

（26）……钔父乙、至于商酌。【一期、絜402＝合2199正】
王固曰：吉。【一期、絜402背＝合2199反】

（27）貞：今五月冥。【一期、乙1052＝合116正】
王固曰：吉。【一期、乙1053＝合116反】

例えば（25）は来たる十日間の安否、（26）は武丁の父小乙への祭祀、（27）は出産の時期についてそれぞれトったが、時の王である武丁はそれぞれの卜兆を見ていずれも吉と判断・予測した。

②詳細式
これは同じく吉と予測するだけではなく、その具体的な事柄まで言及する。

（28）貞：雝〔不〕其受年。

（5）吉德煒「中國正史之淵源：商王占卜是否一貫正確？」、『古文字研究』第十三輯所収、一九八六年。

貞：雖不其受年。【一期、{〔乙1857＋乙1980（＋乙1982）＋乙2193＋乙2575＋乙2658＋乙2660＋乙3309＋乙7020＋乙7073＋乙7096＋乙7741〕＝丙311}＋乙7103＝合811正】

王固曰：吉、受年。【一期、乙1858＋乙1981＋乙1982＋乙2194（＋乙2575＋乙2658＋乙2660）＋乙3310＋乙7021（＋乙7073）＋乙7097＋乙7742＝丙312＝合811反】

(29) 戊午卜、㱿貞：般其㞢囚。

戊午卜、㱿貞：般亡囚。【一期、存下442＝合4264正】

王固曰：吉。亡囚。【一期、存下443＝合4264反】

(30) 壬子卜、㱿〔貞：我〕𢦏缶。王固曰：吉、𢦏。旬㞢三日甲子允𢦏。十二月。

壬子卜、㱿貞：〔我〕弗其𢦏缶。【一期、乙4345＋乙5201＋乙5315＋乙5538＋乙5628＋乙5664＋乙5720＋乙6100＋乙6152＋乙6154＋乙6320＋乙7227＝丙558＝合6830】

(31) 甲辰卜、㱿貞：奚來白馬。王固曰：吉。其來。

甲辰卜、㱿貞：奚不其來白馬五。【一期、乙3446＋乙3449＋乙3625＋乙3630＋乙3631＝丙157＝合9177正】

(32) 貞多雨。【一期、乙8296＝合12694正】

王固曰：吉。多〔雨〕。【一期、乙8297＝合12694反】

(33) 貞：且乙壱王。

〔貞：且乙〕弗壱王。

王固曰：吉、勿余壱。【一期、乙874（＋乙899）＋乙2155＝丙176＝合13750反】

（34）丁酉卜、㱿貞：帚好㞢受生。【一期、南師1.80＝外141＝合13925正】

王固曰：吉。其㞢受生。【一期、南師1.81＝外144＝合13925反】

（35）王固曰：吉。其帝。【一期、庫1585＝合40489】

（36）戊午卜、㱿貞：乎取牛百、以。　王固〔曰〕：吉。以、其至。【一期、乙1914（＋乙2372＋乙2602）＋乙6897＝丙399＝合93反】

（37）□巳卜、□貞：〔龟〕以三十馬、允其㚔羌。

貞：龟三十馬、弗其㚔羌。【一期、乙3381＝合500正】

王固曰：隹丁㚔、吉。【一期、乙3382＝合500反】

（38）貞：生五月䧅至。【一期、乙1976＋乙2416＋乙3198＋乙3468＋乙7975＝丙98＝合10613正】

王固曰：吉。阦至、其隹辛。【一期、（乙1976＋乙2416＋乙3198＋）乙3469＋乙7976＝丙99＝合10613反】

（39）□□卜、争貞：帚妌冥、妿。王固曰：其隹庚冥、妿。旬辛□帚妌冥、允妿。二月。【一期、（簠典117＝續4.25.1）＋粹184＝合14009正】

（40）王固曰：庚吉。不雨。【一期、乙8198＝合11799】

以上（28）―（34）はいずれも吉との判断に止まらず、命辞の一部を繰り返しているが、（36）―（39）は更に新しい要素を加えて予言し、中では（37）―（39）はそれぞれの日にちまで予測している。（35）・（40）の命辞部分は所在不明であるが、その内容から見れば、それぞれ前の例と同じパターンであろう。また（30）は完全な卜辞であって、王の予測が当たったことを示す験辞も記録されている。

2、凶兆類

①簡易式

(41) 王固曰：㞢希。【一期、{乙1942＋〔乙2237（＋乙3327）＝丙107〕}＝丙503＝合456反】

(42) ……〔王〕固曰：嬉。【一期、合7193】

(43) 戊申卜、㱿貞：亡囚。【一期、合14431正】
王固曰：隹㞢囚。【一期、合14431反】

吉兆類の簡易式は「吉」という表現のみであるが、それと違って(41)―(43)は異なる用語で凶兆を表している。

②詳細式

(44) 貞：其㞢來嬉。
亡來嬉。【一期、乙3387＝合716正】
王固曰：不吉。曰嬉。【一期、乙3388＝合716反】

(45) 王固曰：辛其㞢來嬉。【一期、合7158】

(46) □巳、其〔㞢來〕嬉。

貞：亡來嬉。四月。【一期、英635正】
……王固曰：其㞢來嬉、隹丁。【一期、英635反】
（47）癸巳卜、嗀貞：㞢……　【一期、粹1144甲＝存上620＝合4288正】
王固曰：㞢希、嬉。其隹丙不吉。【一期、粹1144乙＝合4288反】
（48）癸酉卜、嗀貞：旬亡囚。王二曰：匄。王固曰：艅、㞢希㞢夢。五日丁丑王窒中丁、氒阹才宿阜。十月。【一期、（菁3.1＝傳2.8＝通735）＋α＝合10405正】
（49）丙申卜、嗀貞：來乙巳酌下乙。王固曰：酌、隹㞢希、其㞢設。乙巳酌、明雨、伐既、雨、咸伐、亦雨、㱃卯鳥、星。【一期、乙6664＝丙207＝合11497正】

（44）は複数の用語で凶兆を示し、（45）—（47）は禍の日にちも予測しており、（48）・（49）は禍の具体的な内容まで予言して、またその予言が当たったという記事が験辞として克明に記されている。

（二）選択型

選択型の固辞も吉か凶かのいずれかを予測するが、単一型固辞と異なって複数の可能性を提示している。

（50）癸巳卜、㝉貞：臣奉。王固曰：吉。其奉隹乙、丁。七日丁亥既奉。
貞：臣不其奉。【一期、乙2093＝合643正丙】
（51）乙亥卜、𠂤貞：帚婐冥、妨。【一期、乙819＋乙1222＋乙1307＋乙1394＋乙1447＋乙1455＋乙1721＋

乙1732＋乙1736＋乙5902＝丙243＝合641正】
王固曰：其隹……其隹……引吉、㚤。【一期、（乙819＋）乙1223（＋乙1307）＋乙1395（＋乙1447）＋乙1456（＋乙1721）＋乙1733（＋乙1736＋乙5902）＝丙244＝合641反】

（52）癸卯卜、㱿貞：王于黍、侯受黍年。十三月。
癸卯卜、㱿貞：王勿于黍、〔年〕侯……
王固曰：吉。我受黍年。丁其雨、吉。其隹乙雨、吉。【一期、乙4055＝合9934正】

（53）甲申卜、㱿貞：〔帚〕好冥、㚤。王固曰：其隹丁冥、㚤。其隹庚冥、引吉。三旬㞢一日甲寅冥、不㚤、隹女。
甲申卜、㱿〔貞〕：帚好冥、不其㚤。三旬㞢一日甲寅冥、允不㚤、隹女。【一期、乙7691＋乙7731＝丙247＝合14002正】

（54）壬戌卜、争貞：旨伐𢀛、𢦏。
貞：弗其𢦏。【一期、乙2139＋乙6719＋乙7016＋乙7201＋乙7509＝丙41＝合248正】
王固曰：吉。𢦏、隹甲、不叀丁。【一期、乙2140＋乙6720（＋乙7016）＋乙7202＋乙7510＝丙42＝合248反】

（55）貞：及今二月雷。【一期、乙529＋乙6666＝丙65＝合14129正】
弗其今二月雷。
王固曰：帝隹今二月令雷。其隹丙。
不〔令〕羽、隹庚其吉。吉。【一期、乙530＋乙6667＝丙66＝合14129反】

以上（50）―（53）は二つの吉日を予測しているが、（54）は可能性のある日と可能性がない日を一つずつ挙げている。（55）はまずトった事柄に即して肯定の判断を示し、更に二つの日にちを言及し、そして全体的には吉であると纏めている。これらはみな吉兆類であって、選択型で凶兆類の固辞は今のところ見つかっていない。

（三）綜合型

単一型や選択型のように吉凶の片方のみを予言するのではなく、吉か凶かについて両方予測することが綜合型の固辞の特徴である。それらを次のように二択式と三択式に分けることができる。

1、二択式

（56）庚申卜、永貞：來。
王固曰：吉、其來。其隹乙出、吉。其隹癸出、㞢希。【一期、乙3175＝合113反甲】

これは全体的には吉と判断し、同じく出ることであっても乙の日に出れば吉であるが癸の日に出れば凶と予測している。

2、三択式

（57）庚子卜、㱿貞：帚好㞢子。三月。【一期、鐵127.1＝通別二11.1＝寶2.1＝彙387＝合13926＝合40386正】

王固曰：其隹丙不吉、其隹甲戌亦不吉、其隹甲申吉。【一期、彙388＝合40386反】

（58）①甲申卜、㱿貞：〔帚〕好冥、㚤。王固曰：其隹丁冥、㚤。其隹庚冥、引吉。三旬㞢一日甲寅冥、不㚤、隹女。

②甲申卜、㱿〔貞〕：帚好冥、不其㚤。三旬㞢一日甲寅冥、允不㚤、隹女。【一期、乙7691＋乙7731＝丙247＝合14002正】

⑦王固曰：其隹丁冥、㚤。其隹庚、引吉。其隹壬戌、不吉。【一期、乙7692＋乙7732＝丙248＝合14002反】

（57）は凶の日にち二つと吉の日にち一つ、（58）亀甲裏面卜辞の⑦はその逆で吉の日にち二つと凶の日にち一つをそれぞれ予言している。なお、（58）の裏面の⑦は同表面②の固辞であって、表面の①は選択型に属する別の完全な卜辞である。

以上は第一期の固辞を分類して考察してきたが、その内容が多岐に亘っているほか、形式もバリエーションに富んだものと思われる。とりわけ単一型に比べて選択型、また選択型に比べて綜合型は、それぞれより高度なテクニックを要することが明らかである。かかる多彩を極めた第一期は正に固辞の全盛期とも言うべきであろう。

第三節　第二―四期固辞の性格

第一期の固辞と比較すると、第二―四期のものは異なる意味でその特殊性を示している。まず、現在のところこの時期と歴組卜辞の「王固曰」で始まる固辞は合わせて僅か十数条であり、第一期の一〇〇〇条以上の約一％に止まり、また第三期の固辞は一条も見つかっていない。その上、内容は比較的難解なものが多く、形式も簡略になりつつあった。管見の及ぶ限り、この第二―四期の王による全ての固辞、即ち第二期の六片と歴組の七片を次のように挙げておく。

一、第二期

(59) 己卯〔卜〕、□貞：今日　。王𡆥曰：其殸、隹其母大殸。【二期、後下17.9＝通391＝合24917】

(60) 丙寅卜、貞：卜竹曰：其㞢于丁宰。王曰：弜𢓊、翌丁卯、若。八月。
〔己巳〕卜、貞：𡆥其入。王曰：入。允入。【二期、眞8.32＝錄519＝合23805】

(61) 乙巳王鄉、卜曰……　【二期、合24117　正】
王𡆥曰：吉。【二期、合24117　反】

(62) 辛未卜、中貞：今日辛未至于翌乙亥亡𡆥。王曰：吉。二月。【二期、彙382＝合41249】

(63) ……卜、尹〔貞〕：□日酉……王𡆥〔曰〕……定。允……十三月。【二期、七W57】

(64) 辛未卜、□貞：夕卜〔不〕同、叀其□。王𡆥曰：叀□隹其每……于癸……【二期、後下10.2＝合

24118＝合31680】

上の卜辞は全て「出組」に属しており、そのうち、（59）・（60）は第二期祖庚時代のもので、（61）―（64）は第二期祖甲時代のものと思われる。『合集』では、（64）が重複して第二期と第三期の両方に収録されているが、字体から見れば、第二期に分類すべきである。(6) 第二期では、「王𡆥曰」で始まる固辞もあれば、（60）・（62）のように「王曰」で始まるものもある。内容的には、祖庚時代の（59）・（60）はより具体的であるが、祖甲時代に入ると、（61）・（62）は「吉」だけで、（63）・（64）の判読は困難であり、固辞の衰退傾向が現れている。

二、歴組卜辞

（65）癸酉貞：旬亡𡆥。〔王𠧴〕：旬㞢希自……【歴組、寧1.469＋α＝合34750】

（66）庚辰貞：其陟□高且上甲、茲用。王𠧴：茲□。【歴組、屯2384】

（67）〔癸酉〕貞：〔旬〕亡𡆥。
癸未貞：旬亡𡆥。
癸巳貞：旬亡𡆥。王茲兕。
癸卯貞：旬亡𡆥。
癸丑貞：旬亡𡆥。

癸亥貞：旬亡囚。
〔癸〕酉貞：〔旬〕亡囚。□冎：兹〔兕〕。【歴組、寧1.55＋寧1.470＝掇一439＝合34865正】

（68）癸丑〔貞〕：旬亡囚。　一
癸亥貞：旬亡囚。　一
王冎……
癸酉貞：旬亡囚。　一
王冎：兹……
〔癸〕巳〔貞〕：旬〔亡〕囚。【歴組、粹1427＝合35024】

（69）癸巳貞：旬囚。王冎曰：□。　二
癸卯貞：旬亡囚。　二
癸丑貞：旬亡囚。　二
癸亥貞：旬亡囚。　二
癸酉貞：旬亡囚。
〔癸〕未〔貞〕：旬〔亡〕囚。【歴組、明2564＝合34890】

（70）癸卯貞：旬〔亡囚〕。　三
癸丑貞：旬亡囚。　三

（6）黄天樹『殷墟王卜辞的分類與斷代』、七一頁、文津出版社、一九九一年。

〔癸〕亥貞：旬亡𡆥。　三
癸酉貞：旬亡𡆥。王𠯑：茲凶。　三
〔癸〕未〔貞：旬亡𡆥〕。　三
癸□貞：〔旬亡𡆥。〕王𠯑……　三
〔癸〕亥貞：旬亡𡆥。　三【歴組、屯2439】

（71）癸丑貞：旬亡𡆥。
癸亥貞：旬亡𡆥。
王𠯑：于丙。
癸酉貞：旬亡𡆥。
癸未貞：旬亡𡆥。
癸巳貞：旬亡𡆥。
□卯□：旬□𡆥。【歴組、懐1620＝合補10845】

空白と言える第三期に先立つと考えられる歴組卜辞の固辞は、目立って簡略となる。（65）は欠けており本当の固辞でないかも知れない。（67）の「王茲凶」は「王𠯑曰茲凶」の省略で、（71）の「于丙」は丙の日に禍ある意であろうが、いずれも寂しさを感じさせられるほどの省き方である。（66）以外は、全て卜旬の卜辞であって、しかも固辞の記録周期が長くなりつつあって、卜いにはあまり熱心でなくなった商王の姿がここに描かれている。また陳夢家は「康丁卜辭往往在兆旁記吉、大吉、弘吉等、乃是簡化了占辭」と述べ、第三期康丁時代の卜辞で卜兆の側に「吉」・「大吉」・「引吉」が記されたことを固辞の簡略化と見なしているが、(7) しかしそれが事実であっても当の第三期に従来の「王固曰」で始まる明確かつ厳密な意味での固辞が欠如していることに変わりはない。以上のような第二―四期の固辞は内容・形式その両方が非常に貧弱なものであり、簡略化が際立つこの時期を固辞の沈滞期と言っても過言ではない。

第四節　第五期固辞の性格

沈滞期を経て漸く第五期に入って、固辞は再び開花の時期を迎えたように見える。即ちその総数が俄然一〇〇〇条以上に膨らんで、第一期の量と拮抗するようになったのである。しかしながらその内容や形式によって分類すると、意外なことにそれが僅か三種類に過ぎないことが分かる。以下は固辞の表現をそのまま借用して、吉類・大吉類・引吉類と称し、例を挙げて見ていこう。

1、吉類

(72) 其既[illegible]冊于……彡日、丁廼酌又……王受又又。王𠧞曰：吉。【五期、(前5.17.3＝通756)＋α＝合38289】

(7) 陳夢家『殷虚卜辞綜述』、四三頁、中華書局、一九八八年。なお「弘吉」は「引吉」の誤りであろう。

(73)……其征盂方叀今……受又、不啚𢦏、亡……𠧞曰：吉。才十月。王……【五期、懷1908＝合補11241】

(74)戊申〔卜〕、貞：王弌離、〔往〕來亡災。王𠧞曰：吉。【五期、（前2.22.1＋前2.24.2）＝通620＝合36643】

(75)戊申卜、貞：王田盂、往來亡災。王𠧞曰：吉。茲钔。隻鹿二。【五期、掇二217＝存上2369＝合37422】

(76)癸亥王卜、貞：旬亡畎。王曰：吉。
癸酉王卜、貞：旬亡畎。王𠧞曰：吉。
癸未王卜、貞：旬亡畎。王𠧞曰：吉。
〔癸巳王卜、貞：〕旬亡畎。王𠧞曰：吉。【五期、金517＝合41953＝英2641】

(77)□辰王卜、才兮、〔貞：〕毓、劦。〔王〕𠧞曰：吉。才三月。【五期、前2.11.3＝合38244】

2、大吉類

(78)〔癸〕□王卜、貞：今囚巫九备、其酌彡日、〔自上甲〕至于多毓衣、亡徣才畎、才〔十月〕又二。王𠧞曰：大吉。隹王二祀。【五期、前3.28.1＝通288＝合37835】

(79)己酉王卜、貞：余正三封〔方〕、叀令邑、弗每、不亡□□、才大邑商。王𠧞曰：大吉。才九月。遘上甲□五牛。【五期、後上18.2＝通590＝合36530】

(80)□□卜、貞：王弌于離、〔往來〕亡災。王𠧞曰：大吉。【五期、前2.36.5＝合36594】

(81)戊午王卜、貞：田、往來亡災。王𠧞曰：大吉。隻狐五。【五期、合37462正】

（82）癸……
癸卯王卜、貞：旬亡畎。王𡆥曰：大吉。才九月。甲辰祭戔甲、劦小甲。
癸丑王卜、貞：旬亡畎。王𡆥曰：大吉。甲寅祭羌甲、壹戔甲。才九月。
癸亥王卜、貞：旬亡畎。王𡆥曰：大吉。才十月。甲子祭㒸甲、壹羌甲、劦戔甲。
……畎……吉……【五期、珠246＝合35648】

（83）辛酉王卜、貞：□毓妫。王𡆥曰：大吉。〔才〕九月。遘且辛鬻。【五期、明3176＝合38243】

3、引吉類

（84）癸卯王卜、貞：其祀多先〔祖〕……余受又又。王𡆥曰：引吉。隹……【五期、（續2.31.6＝佚860）＋α＝合38731】

（85）〔癸未王卜、〕才潒、貞：旬亡畎。〔王𡆥曰：〕引吉。才三月。甲申祭小甲、〔壹大甲。〕隹王來正盂方白炎。【五期、後上18.6＝通580＝合36509】

（86）戊寅卜、貞：王迖于豐、〔往〕來亡災。王𡆥曰：引吉。隹王二祀彡日、隹……【五期、（前2.22.2＝通629）＋｛（簠游52＝續3.15.6）＋α｝＝佚56｝＝合36734】

（87）壬子王卜、貞：田牢、往來亡災。王𡆥〔曰〕：引吉。茲印。隻兕二、鹿八。【五期、前2.31.5＝通701＝合37378】

（88）癸……王……

癸卯王卜、貞：旬亡畎。王甶曰：吉。才四月、甲辰壹小甲、昚大甲。

癸丑王卜、貞：旬亡畎。王甶曰：引吉。才〔四月〕。甲寅祭……

癸亥王卜、貞：旬亡畎。王甶曰：引吉。〔才四月〕。甲子……

癸酉王卜、貞：旬亡畎。王甶曰：引吉。才五月。甲戌祭魯甲、壹……【五期、合35582】

第五期固辭の内容について、呉其昌は①祭祀、②征伐、③巡幸、④狃獵、⑤卜旬と纏めているので(8)、上は吉類・大吉類・引吉類ごとに、順番に例を一つずつ挙げている。ただ、引吉類の狩猟関係の固辞は若干あるが、三種類のうち、卜旬以外のものは共に非常に少ない。また、(77)・(83)は出産のことについての固辞であって、呉氏に言及されていないだけに、珍しいものである。いずれにせよ、この第五期の固辞に関連する卜辞の内容が限られていることは疑いない。

吉・大吉・引吉という言葉は遅くとも第一期からあるもので、固辞と別に卜兆の側に記される兆辞としても屢々現れている。第五期に氾濫したこの三種の表現は第一期からの名残と見てほぼ間違いないが、問題はこれ以外は第一期の豊かな固辞より何も受け継がれていないことである。その結果、千篇一律で何ら新味もない固辞が次々と大量に造り出されていった。

そもそも大吉は「大いなる吉」の意で、引吉は「長らくの吉」の意であるため、他の附加された意味がなければ、この三種の固辞が予言している事柄はいずれも吉で、文字どおり捉えても程度と時間というような差しかなく、とても実用的には思えない。一方、第一期によく見られ第二―四期にも僅かながら続いていた凶兆類の固辞はこの時期になると姿を消しており、固辞からは、この三つの言葉しか見出せない。かく華々しさを演出したものの、商王朝がその終焉に近付くにつれて、王が権威をかけて未来を予言する言葉を記した固辞は、ある意味では商王の権威そのものとして巧まずして硬直化を辿る一方であり、やがて商王朝と運命を共にした。商王朝の神権政治に終止符が打たれようとした第五期は固辞の泡沫期と言えよう。

第五節　固辞の歴史的展開

以上のように現時点で公表されている資料から固辞を整理・分類したところ、第一期と第五期の固辞はそれぞれ一〇〇〇条以上あるのに対して、第二、三、四期の固辞は併せて一〇条前後に過ぎないことが分かった。そこで前者の代表的な関連卜辞をそれぞれ挙げ、後者の関連卜辞を全て挙げておき、通時的な視点から各時期の固辞の特徴を分析したところ、次のようなことが明らかになった。

即ち数量的には前記の大差があるほか、内容的にも、第一期の固辞は詳細かつ具体的なもので多様性を備えているが、第二期から固辞の激減と共に簡略化、抽象化や単一化の傾向が現れており、五期になって固辞の数だけは一期に匹敵する数字に回復したが、具体性が殆どなく、公式化がその最大の特徴として挙げられる。また全体的に見ると、外れたと思われる固辞はごく一部あるが、王の予測が的中したものが多いようである。

（8）同一〇五頁の注23。

第七章　啇王権威の変化

啇王朝の神権政治に不可欠な国家的事業として、占卜は絶えることなく盛んに行われていた。それに伴い、卜辞の最重要とも言うべき部分として、固辞は第一期の全盛期から、第二—四期の沈滞期を経て第五期の泡沫期へ歴史的変遷を遂げていった。王室記録としての卜辞、とりわけ啇王の権威がかけられた予言録としての固辞は必然的に啇王朝、特に啇王の有り様を反映しているに疑いない。また当然のことながら前者の変遷は常に後者の変化に密接に関わっていることから、啇王権威の変化について考察するに当たって、固辞は言うまでもなく絶好の資料となっている。そこで固辞の変遷の原因はどこにあるか、またそれが何を意味するかについて検討を加えてみたい。

第一節　占卜機関や啇王在位年数の影響

「王固曰」で始まる固辞に関して、第一期や第五期にはそれぞれ一〇〇〇条以上あるのに対して第二—四期合わせて一〇条未満という大差は、固辞の変遷の最も直観的なものであろう。周知のように固辞は卜辞の一部として記されるので、卜辞を甲骨に残す契機となる卜いが激減すると、勿論それは固辞の減少に繋がる。しかし第二―四期では、全体的に見れば占卜事業そのものはいきなり谷間に転落したわけではない。例えば『合集』に収録されている全三九四七六片の拓本のうち、第一期、第二―四期、第五期はそれぞれ二二五三六片、一二八〇六片、四一三四片であり、占卜の道具として第二―四期の甲骨の点数は第一期の半分強を占めている。[1] 片数だけで考えるのは確かに問題を単純化してしまう恐れがあるが、これによって第二―四期の占卜機関が一応正常に運営されていたことは分かる。ならば第二―四期の固辞が前述の沈滞期に入ってしまった原因をまず占卜機関ではなく、直接固辞を残す人物、即ち王に求めなければならない。

この点については、まず考えられるのが各時期における諸王在位年数の差であろう。周知のとおり、周代の共和以降の絶対年代は『史記』によって知られているが、商代を含むそれまでの絶対年代や諸王の在位年数は異説が多く、未だ定かではないので、これからの研究を待たねばならない。そこで、商代後期諸王の在位年数を、今までの代表的な説として『尚書』無逸、今本『竹書紀年』[2]、『太平御覧』[3]、邵雍『皇極經世書』[4]、劉恕『資治通鑑外紀』[5]、董作賓『殷暦譜』[6]、陳夢家『殷虚卜辭綜述』[7]、常玉芝『殷商暦法研究』[8]、『夏商周斷代工程一九九六―二〇〇〇年階段成果報告・簡本』[9]に基づいて、以下の表に纏めて考察しよう。

表二　商代後期諸王在位年数表

期	世	代	王	尚書	紀年	御覽	經世	外紀	董説	陳説	常説	工程
第一期	10	19	盤庚		28	18	28	28	28	60±	14	50
		20	小辛		3	21	21	21	21		3	
		21	小乙		10	20	28	21	10		10	
	11	22	武丁	59	59	59	59	59	59	59	59	59
第二期	12	23	祖庚		11	7	7	7	7	7±	11	44
		24	祖甲	33	33	16	33	16	33	33	33	
第三期	13	25	廩辛		4	6	6	6	6	10±	4	
		26	康丁		8	31	21	6	8		31	
第四期	14	27	武乙		35	34	4	4	4	35＋	35	35
	15	28	文丁		13	3	3	3	13	11＋	20	11
第五期	16	29	帝乙		9	37	37	37	35	20＋	20＋	26
	17	30	帝辛		52	33	32	33	52	20＋	25	30
小計	第二—四期				104	97	74	42	71	96±	134	90
	第五期				61	70	69	70	87	40＋	45＋	56

（1）『合集』第一冊所収「甲骨文合集分類總目」を参照。

（2）『竹書紀年』、巻上、二七—三五頁、天一閣刊本による影印本、『四部叢刊』所収、商務印書館、一九二六年。

（3）『太平御覽』、巻八十三、皇王部八、三九一—三九四頁、涵芬樓影印宋本による影印本、中華書局、一九六〇年。

（4）邵雍『皇極經世書』、明萬曆丙午年（一六〇六）徐必達刊本『邵子全書』による影印本、『中國子學名著集成』所収、中國子學名著集成編印基金會、一九七八年。

上の表では董作賓の五期区分法によって盤庚・小辛・小乙・武丁の二世代四王を第一期に挙げているが、現存する第一期の甲骨から武丁以前のものについて未だ確認できる段階に至っていないので、暫くは第一期の卜辞を主に武丁時代のものと考えてもよい。(10) 武丁以外の諸王の在位年数について、全て一致したものはないが、小計を見ればある程度見当が付くであろう。諸説のうち、第二―四期の最短年数は『外紀』による四二年で、最長年数は常玉芝による一三四年であり、第五期の最短年数は陳夢家による四〇年以上で、最長年数は董作賓による八七年である。極端な場合、第二―四期について最短の四二年説を、第五期について最長の八七年説をそれぞれ採っても、第二―四期は第一期武丁の五九年よりやや短く、また第五期八七年の半分弱になる。それにしても、第二―四期の固辞の数が第一期や第五期に対していずれも約一〇対一〇〇〇というあまりにもかけ離れている数字と結びつかないことから、この三段階の固辞数の差とそれぞれの在位総年数との関連性は認められないであろう。ただ、複雑な卜兆を観察してその吉凶を判断し的確に予測するには、かなり長期の学修による熟練した技や豊かな経験が必要と思われる。周公に「自時厥後、亦罔或克壽、或十年、或七八年、或五六年、或四三年」と指摘される如く(『尚書』無逸)、祖甲以後の在位年数の非常に短い王が何人も続いて即位した時代に入ると、未来を見事に予測できてしかるべき固辞を残せる王が現れなくても不自然ではない。しかし三三年も在位し続けた祖甲は第二期に属するほか、第四期の武乙も長年権力を握っていた可能性が十分あるので、全て短期政権のせいとも考えにくい。従って在位年数のような単純な原因よりも、寧ろ商王の権力構造というようなところに踏み込んで探究してみるほかない。

第二節　司祭長としての商王

王朝の頂点に立つ商王は、言うまでもなく国家の最も重要な事柄を裁決する権力者である。『左傳』成公十三年に「國之大事、在祀與戎」とあるように、古代中国において祭祀と軍事が国の大事とされていたことから、商王は王国の祭祀と軍事を担う最高の存在であったことが明らかである。即ち商王は国家的祭祀を主宰する司祭長と、軍事首脳とを兼ねた政治指導者の役割を果たさなければならない。軍事・政治指導者のことについては後文で検討したいので、ここでは司祭長としての商王の権威とその変化について概観しよう。

商代には、帝をはじめとする天神・社を代表とする土地神・先王先妣を主とする祖先神など数多くの鬼神が様々な祭祀を頻繁に受けていたことが、甲骨卜辞によって確認されている(11)。とりわけ第二期の祖甲時代に

(5) 劉恕『資治通鑑外紀』夏商紀、巻二、一四―三二頁、涵芬樓藏明刊本による影印本、『四部叢刊』所収。
(6) 董作賓『殷曆譜』、中央研究院歴史語言研究所、一九四五年、また『董作賓先生全集』所収、乙編、第一冊、上編、巻四、一三三―一三四頁、藝文印書館、一九七七年。
(7) 陳夢家『殷虚卜辭綜述』、二一五頁。また「±」・「+」はそれぞれ「前後」・「以上」の意である。なお、ここからの三説は、盤庚についてはいずれも殷に遷都してからの年数を示している。
(8) 常玉芝『殷商曆法研究』、五六―五七頁、吉林文史出版社、一九九八年。
(9) 夏商周斷代工程專家組『夏商周斷代工程一九九六―二〇〇〇年階段成果報告・簡本』、八八頁、世界圖書出版公司、二〇〇〇年。
(10) 彭裕商『殷墟甲骨斷代』第六章「武丁以前甲骨文字的探索」、三〇二―三〇六頁を参照、中國社會科學出版社、一九九四年。

は、卜辞には自然神や上甲以前の遠祖が殆ど現れなくなった一方、それまで先王を中心に必要に応じて随時祭るのと異なり、上甲から始まって先公・先王・先妣を含む祖先神の体系が即位順と廟号によって秩序づけられ、それぞれ廟号に含まれる十干と一致する日に当該祖先への祭祀が行われるようになった[12]。このような順序正しい祭祀には、翌・祭・壴・劦・彡という五種があり[13]、一年で一巡りの祭祀が終了するよう体系化され、第五期まで実施されていた。かかる体系化された祭祀は董作賓が発見して「五祀統」と称し[14]、後に陳夢家が「周祭」と呼んだものであり[15]、続いて島邦男・許進雄・常玉芝の三氏も周祭について研究を行った[16]。五氏の研究成果には若干の異同はあるものの、いずれも三〇人以上の先王と二〇人以上の先妣、合わせて五〇人以上の祖先が決まった順番で周期的に祭られていたことを明らかにした[17]。

また、商代では主に各種の家畜が生け贄として供えられており、一回の祭祀に用いようとした生け贄として、牛の場合には一〇〇〇頭、羊・豕(豚)・犬の場合にはそれぞれ一〇〇匹、牢・宰(祭祀のため特別に飼育する牛・羊)の場合にはそれぞれ三〇〇頭という記録が卜辞に残っていることから[18]、商代の祭祀は極めて重視され、他の王朝に類例を見ない盛大なものであったことが分かる。

司祭長としてこれらの祭祀に臨んだのが商王である。『淮南子』泰族訓に「湯之初作囿也、以奉宗廟鮮犓之具、簡士卒、習射御、以戒不虞」と[19]、「祀」と「戎」との両面から湯王の姿が描かれており、殊に祭祀のために動物を飼う園を作っていたことが窺える。また孟子は「湯居亳、與葛爲鄰。葛伯放而不祀、湯使人問之曰：『何爲不祀？』曰：『無以供犧牲也。』湯使遺之牛羊。葛伯食之、又不以祀。湯又使人問之曰：『何爲不祀？』曰：『無以供粢盛也。』湯使亳衆往爲之耕、老弱饋食」と語っている(『孟子』滕文公下)。湯が王になる前に、自国の祭祀に止まらず、隣国にも生け贄を贈与したり、祭祀用の農作物を作る労働力まで提供していたのは、祭祀を優先する主祭者としての自覚と天下の司祭長となる志によるものではないか。そして『詩經』商頌に収録される商代の宗廟祭祀の歌に、次のようなことが詠まれている。

猗與那與、置我鞉鼓。奏鼓簡簡、衎我烈祖。湯孫奏假、綏我思成。鞉鼓淵淵、嘒嘒管聲。既和且平、依我磬聲。於赫湯孫、穆穆厥聲。庸鼓有斁、萬舞有奕。我有嘉客、亦不夷懌。自古在昔、先民有作。溫恭朝夕、執事有恪。顧予烝嘗、湯孫之將。(『詩經』商頌・那)

(前略)來假來饗、降福無疆。顧予烝嘗、湯孫之將。(『詩經』商頌・烈祖)

---

(11) 陳夢家『殷虚卜辭綜述』第十七章「宗教」・彭邦炯『商史探微』第十章の二の(一)「祭祀活動」(重慶出版社、一九八八年)・宋鎮豪『夏商社會生活史』第八章「宗教信仰」の第一―三節(中國社會科學出版社、一九九四年)・胡厚宣・胡振宇『殷商史』第十四章「宗教思想」(上海人民出版社、二〇〇三年)を参照。
(12) 董作賓『殷曆譜』、上編、巻一、二七頁。
(13) 五種祭祀の順番は許進雄『殷卜辭中五種祭祀的研究』(五五頁、臺灣大學文學院、一九六八年)による。
(14) 同注12。
(15) 陳夢家『殷虚卜辭綜述』、三七三頁。
(16) 島邦男『殷墟卜辭研究』・許進雄『殷卜辭中五種祭祀的研究』・常玉芝『商代周祭制度』(中國社會科學出版社、一九八七年)を参照。
(17) 常玉芝『商代周祭制度』所収「各家先王先妣祀序比較表」などを参照、一一三―一一八頁。
(18) 張秉權「祭祀卜辭中的犧牲」を参照、『中央研究院歷史語言研究所集刊』第三十八本所収、一九六八年。
(19) 『淮南子』泰族訓、巻二十、『四部叢刊』所収。

ここに繰り返し現れる「湯孫」について、朱熹は「主祀之時王也」と注しており、(20) 歴代の商王は、王朝の創始者湯王の子孫として主祭者として、祭祀を司っていたことが明らかである。また『尚書』盤庚上によると、盤庚は「茲予大享于先王、爾祖其従與享之」と述べ、自ら先王を祭祀する主導権を持ち、臣下の祖先をも配享に加えると臣下に強調している。

文献だけではなく、司祭長としての商王の権威は多くの卜辞にも裏付けられている。例えば、

(89) 庚子卜、㱿貞：王㞢匚于高匕己、匕庚、來己酉酌。【一期、粹399＝合2363】
(90) 癸亥卜、争貞：翌辛未王其酌河、不雨。【一期、掇二195＝合14591】
(91) 辛亥卜、涿貞：王𡧊翌祏自上甲衣至于毓、亡尤。【二期、金119＝海棪23＝合22621】
(92) 丁亥卜、王貞：翌戊子王其𡧊大戊、亡𡆥。【二期、續1.10.2＋通別二10.2＝通161＝合22779】
(93) 王其又大乙、大丁、大甲、叀丁歲公。【三期、合27149】
(94) 貞：王𡧊祖乙翌日亡尤。才十一月。【三期、津3258＝合27213】
(95) 甲申卜、王又伐、自上甲。【四期、寶8.10＝人1780＝合32207】
(96) 于即酌父丁、翌日、劦日、彡日、王廼〔𡧊〕。【四期、南明629＝合32714】
(97) 辛亥卜、貞：王𡧊祏自上甲至于多毓衣、亡尤。【五期、龜1.27.4＝通297＝合35438】
(98) 丁巳卜、貞：王𡧊武丁彡、亡尤。【五期、書97＝合41731】

上は一期ごとに卜辞を二条ずつ挙げており、それぞれ前の一条は合祭の卜辞で、後の一条は単独祭祀の卜

辞である。このうち、(89)に先妣の廟号が、(90)に「河」が記されており、その外には諸々の先公・先王の廟号が見える。そこから、いかなる国家的祭祀においても、商王はそれらを主宰して常に最高の権威を示そうとしたことが分かる。松丸道雄が述べているように、彼らの世界観・宇宙観での絶対者・帝の末裔に連なるこれら祖先神に対しての祭祀を行うことが、天上にも地中にも、つまり彼ら殷人の理解した宇宙のどこにも普遍的に存在した帝の意に従うことであり、このような祭祀を怠りなく行うことが、とりも直さず、王にとって最重要の政事《まつりごと》だったのである。(21)また第二期から周祭が行われるようになり、次第に整備され、第五期に至って極めて厳密な体系を持つ祭祀制度となった。商王はその主祭者として自らの権威を内外に示しており、かかる周祭制度の発達に伴って、王の権威が実効性はともかくとして、形式上は強化されていったと考えられる。

ところで、国家的祭祀の主祭者という役割は商王のみならず、中国歴代王朝の帝・王・皇帝といった最高支配者によって担われてきた。孔子が「殷因於夏禮、所損益可知也；周因於殷禮、所損益可知也」と述べたとおり(『論語』爲政)、商代の禮は主として夏代の禮を継承し周代に伝わっている。また『禮記』祭法に「有天下者祭百神。諸侯在其地則祭之、亡其地則不祭。……(中略)……天下有王、分地建國、置都立邑、設廟祧壇墠而祭之、乃爲親疏多少之數」とあって、禮の根幹に関わる国家的祭祀の主祭者という王が果たすべき役割も三代において共通しており、全ての神々を祭祀することが王の特権と規定され、身分秩序に基づ

(20) 朱熹『詩經集傳』商頌・那、『四書五經』所収、中冊、一六六頁。
(21) 松丸道雄・永田英正『中國文明の成立』(ビジュアル版『世界の歴史』第五巻)、六九頁(松丸氏執筆)、講談社、一九八五年。

いて祭祀制度が定められ、この制度から逸脱するような祭祀は許されなかったことが窺える。

それだけではなく、『史記』五帝本紀には、黄帝は「鬼神山川封禪與爲多焉」とあり[22]、孔子は顓頊について「依鬼神以制義、治氣以教民、潔誠以祭祀」と、帝嚳について「明鬼神而敬事之」と述べており[23]、また『尚書』舜典には、舜は「類于上帝、禋于六宗、望于山川、徧于群神。……（中略）……格于藝祖、用特」と見え、そして『論語』泰伯によると、禹は「菲飲食而致孝乎鬼神、悪衣服而致美乎黻冕」と孔子に高く評価されており、商王における司祭長の性格は、夏王朝はもとより、五帝にまで遡ることができる。

一方では、『詩經』大雅・巻阿に「豈弟君子、俾爾彌爾性、百神爾主矣」と見え、その序に「『巻阿』、召康公戒成王也」とあり、また『詩經』周頌・雝に「有來雝雝、至止肅肅。相維辟公、天子穆穆。於薦廣牡、相予肆祀。假哉皇考、綏予孝子」と見え、その序に「『雝』、禘大祖也」とあることから、周王も神々や祖先への祭祀の主祭者であり、諸侯はあくまで補助役としてこのような国家的祭祀に参加したことが分かる。更に漢代では儒学の官学化に伴い、皇帝は三代までの帝王と同じく国家的祭祀を主宰せねばならないこととなる。それから二千年の長きに亘り、具体的な制度は幾度か見直されたが、基本的な枠組みは変わっていない。天子を中心として天地を祭り、祖先を敬い、神々を祀ることが前近代まで続いたのであり[24]、商王の司祭長という役割は周王朝をはじめ、古代、中世を経て、前近代まで影響を及ぼしたと言える。

従って、商代の祭祀を中国歴代王朝の祭祀制度の流れに位置付けて見れば、商王朝の祭祀はその対象・方法・頻度・規模こそ特異性があるものの、商王における国家的祭祀の主祭者の性格は本質的に他の王朝の最高支配者と異なっていたわけではなかろう。確かにかかる司祭長の役割は商王の権威をよく示しているが、しかし文献や卜辞を吟味すれば、「祀」と「戎」の二要素のほかにもう一つ大きな要素が存在しており、この三者が商王の権威の礎となり、これらの変化は商王の権威に綜合的に影響を与えていると思われる。以下、文献と卜辞とを結び付けながら、盤庚の遷都を境に商代を前期と後期に分けて、引き続き商代諸王の権威に焦点を当ててより詳しく分析し、その実像に迫ることを試みたい。

第三節　成湯をはじめとする商代前期諸王の実像

周知のとおり、商王朝は盤庚が殷に遷都する遥か前から中国を支配していた。この強大な王朝を建てたのがかの湯王である。典籍によると、成湯とも呼ばれる湯王は三代以来数ある君主のうち、最も神秘的な雰囲気に包まれた王者と言えよう。例えば『史記』に次のような記事がある。

湯出、見野張網四面、祝曰：「自天下四方皆入吾網。」湯曰：「嘻、盡之矣！」乃去其三面、祝曰：「欲左、左。欲右、右。不用命、乃入吾網。」諸侯聞之、曰：「湯德至矣、及禽獸。」(25)

狩猟のため張られた四面の網を三面まで撤去し、残りの一面だけで狩りをせよというよく知られる話であるが、まず「祝」という字に注目したい。『說文』一篇上・示部に、「祝、祭主贊詞者。从示、从儿口」と

(22)『史記』五帝本紀、第一冊、六頁、中華書局標點本、一九八二年。
(23)『大戴禮記』五帝德、巻七、二頁、明袁氏嘉趣堂刊本による影印本、『四部叢刊』所収。
(24)石衍豐「試析中國傳統神學的三大宗教意識」、『世界宗教研究』一九九五年第二期所収、一一頁。
(25)『史記』殷本紀、第一冊、九五頁。

あるように、「祝」は元来、祭祀の時に祈りを担当する者で、神のことを表す「示」と「儿（人）」と「口」とから成る会意字である。また段注に「此以三字會意、謂以人口交神也」とあるように、人間の口つまり言葉で神と交わることを意味するが、ここでは動詞として祈るといった意であろう。恐らく当時は何らかの祭祀が行われていたが、猟師は四方八方から獲物がみな入って来るよう祈って願望を言ったところ、湯王は網を一面しか残さないという不可解な行動に続き、行きたいところへ行くことを許すが、我が命令に従わないものだけは網にかかれと、祈りの形を採って動物に不思議な命令をした。

考えてみれば、網を一面のみ張って獲物を捕ろうとすることは、殷の末裔である宋人の「守株待兔」と同じく、現実的には不可能に近い。それを敢えて行ったうえで動物を逃すだけではなく、逆に指示に従わないなら獲物となれという正反対の形を採った命令を発して動物を自由自在に操る能力を見せようとした。このように自然界全ての動物を擅にコントロールすることは並の人間に到底出来るはずもない。

のみならず、『史記』では一見ありきたりに見えるが実は興味深い結末が記されている。司馬遷がそれまでの典籍を参考に『史記』を著した際、屢々古い語句を漢代当時の言葉に言い換えていたことがよく知られているが、この出来事はどこから引用したか、またこの「德」は元々何に作っていたかが不明である。これは恐らく周代以來の「道德」・「德政」のような意味ではなく、湯王のこの尋常ならない能力を指して言うのであろう。夏末殷初の文化環境を考えると、湯王の能力はあらゆる動物をコントロールするまでに及んでおり、諸侯はこのことを聞き恐れ入ったと理解するのが比較的素直ではなかろうか。

この出来事を『史記』では夏桀を放伐する前のこととしていることから、湯王は夏王朝に取って代わり商王朝を建てる前に、既に驚くべき超能力者として殷民族を率いて頭角を現していた。やがて夏を倒して商王朝を創り出した湯王の更なるパフォーマンスは『呂氏春秋』で以下のように語られている。

昔者湯克夏而正天下、天大旱、五年不收。湯乃以身禱於桑林、曰：「余一人有罪、無及萬夫。萬夫有罪、在余一人。無以一人之不敏、使上帝鬼神傷民之命。」於是剪其髮、鄜其手、以身爲犧牲、用祈福於上帝。民乃甚說、雨乃大至。則湯達乎鬼神之化、人事之傳也。(26)

五年の長きにわたって旱魃に見舞われた際に、中国に君臨した湯王が採った驚くべき行動は自らを生け贄として捧げて雨乞いすることである。その前に桑林で祈祷して、自分の罪なら自ら責任を取るが、国民に罪あるなら王としてそれを全て背負うという認識を表明した。そして儀式を行って自らを犠牲にして上帝に捧げたところ、民衆から歓迎されて絶大な信頼を得ると共に、大雨が降り雨乞いは大成功に終わった。

最も重要な産業である農業に深刻な打撃を与えて不作・饑饉・混乱などを招き五年もの間続いた旱魃である以上、湯王は最初から無視するわけにはゆかないので、恐らく既に何らかの対策を講じていたと思われる。しかし期待される効果が現れず、そこで民衆の生活を脅かし、この新興帝国を揺るがしかねない緊迫した情勢の中で考え出されたのがかかる究極の妙案であろう。

ここで注目しなければならないのは、自らを生け贄として神に捧げることは、商代初期の非常に濃厚な宗教的色彩の中では決して誰でも容易にできることではなく、必要な覚悟もさることながら、それに相応しい宗教的権威や政治的地位も当然欠かせないものである。周代初年、同じく新興帝国の安定を願って、病に

(26)『呂氏春秋』順民、巻九、三―四頁、涵芬樓藏明宋邦乂等刊本による影印本、『四部叢刊』所収。

罹った武王の代わりに自ら逝って鬼神に事えようと祈祷する周公はいたが[27]、約六百年前の湯王も周公と同様に、言葉どおり身を捨てるというような気持ち、乃至それ以上の覚悟でこの雨乞いに臨んだと推察できる。また、周公は周王の弟として密かに祈祷したのに対して、湯王は王朝の頂点に立つ商王として公の場の桑林で雨乞いの儀式を行ったからには、それは王の宗教的能力や政治的威信に密接に関わっており、失敗が許されないことは言うまでもない。

このように華麗なるテクニックを見せて雨乞いに成功した湯王のことについて、「達乎鬼神之化、人事之傳」、即ち鬼神の変化と人事の究極にはいずれも精通していると『呂氏春秋』で高く評価されている。かかる議論は雨乞いを通じて宗教と政治の両面から湯王の役割を簡潔に示したものと言える。また『呂氏春秋』のみならず、この物語は『尚書大傳』[28]・『淮南子』[29]・『尸子』[30]・『説苑』[31]・『帝王世紀』[32]にも見られる。叙述の詳しさや細かいところについて一部に異同はあるものの、全体的に一致しているので、商代から広く伝えられてきた伝説として、その内容は基本的に信用できると思われる[33]。

以上、『史記』や『呂氏春秋』の記事について湯王をめぐる二つの興味深い話を見てきたが、更に興味深いのはこういった物語の独特さである。例えば夏・商周という三代の創立者としてよく併称される三王のうち、湯王より前の夏の禹王や後の周の文王・武王も聖人、そして優れた君主としてそれぞれ『史記』夏本紀や周本紀に記されているが、いずれも神秘的能力のことについて触れていない。また『呂氏春秋』順民は民心に順応することを説くもので、挙例の部分は湯王の雨乞いの話に始まるものの、その次は周の文王が下賜された土地を辞退して民衆のために酷刑を止めるよう殷の紂王に求めた物語であって、ごく現実的理性的な伝説である。他の王朝の君主とは一線を画すような特徴が湯王の二つの物語に共通しており、それは世俗的君主という一面を持ちながら宗教指導者になくてはならない神秘的能力を備えている点である。端的に言うと、湯王は巫としての役割をも見事に果たしていたのである。

『說文』五篇上・巫部に「巫、巫祝也。女能事無形、㠯舞降神者也。象人兩褎舞形。與工同意。古者巫咸初作巫」と見え、巫は舞をもって神降ろしをする者であることが分かる。段玉裁は『說文』の「古者巫咸初作巫」の注で、『尙書』君奭や『書序』にある巫咸に関する文を挙げており、

馬云:「巫、男巫、名咸、殷之巫也。」鄭云:「巫咸謂爲巫官者。」「封禪書」曰:「伊陟贊巫咸、巫咸之興自此始」、謂巫覡自此始也。或云大臣必不作巫官、是未讀『楚語』矣。賢聖何必不作巫乎?

と馬融・鄭玄・『史記』封禪書の言葉を引き、聖人や賢人も巫であった可能性を提示した。

陳夢家は「巫」の名称や文献の記述を分析し、巫の職責について、①「祝史」、即ち祈祷、②「予卜」、即

(27)『尙書』金縢を参照。
(28)『尙書大傳』湯誓、巻二下、一四頁、『左海文集』本による影印本、『四部叢刊』所収。
(29)『淮南子』主術訓、巻九、四頁、劉泖生影寫北宋本による影印本、『四部叢刊』所収。
(30)『尸子』、巻下、『四部叢刊』所収。
(31)『說苑』君道、巻一、一五頁、平湖葛氏傳樸堂藏明鈔本による影印本、『四部叢刊』所収。
(32)『藝文類聚』帝王部に引かれる。巻十二、二二二頁、上海古籍出版社、一九八二年。
(33)斯維至「湯禱雨桑林之社和桑林之舞」、一九―二〇頁、『全國商史學術討論會論文集』(『殷都學刊』增刊)、一九八五年。

ち占卜による予測、③「醫」、即ち医療、④「占夢」、即ち夢に対する解説、予測、⑤「舞雩」、即ち舞踊による雨乞いなどがあると纏めている。また「由巫而史、而爲王者的行政官吏：王者自己雖爲政治領袖、同時仍爲羣巫之長」と主張し、「王乃由羣巫之長所演變而成的政治領袖」と推測し、例を挙げて明快に論じている。[34] 陳夢家は商王の政治指導者と巫祝長を兼ね備えた国家指導者という性格を示しており、正に示唆に富んだ知見と言うべきであろう。また貝塚茂樹は、卜兆の判断について「十人の巫師による口頭の神意の判定を必要とした」と考え、「王はこれらの十人の巫師の主宰者、巫師長であったと解せられる」と述べている。[35]

これらの論考、とりわけ陳夢家の説によれば、『史記』に見える湯王の行動に①の祈祷という要素が、『呂氏春秋』に見られる湯王の行動に⑤の雨乞いという要素がそれぞれ含まれていることから、湯王が王として中国に君臨するのみならず、巫祝長として商王朝を支配していたことは疑いを容れない。

商王朝の創立者として、湯王の多重的権力構造は後継者たちによって受け継がれ、商王朝の神権政治の基盤となる一方、その頂点ともなっていった。残念ながら関連史料の欠如によって、湯王以後の前期諸王による神権政治の具体像は未だ分かっていない。ただ商代重臣の輔佐によってもたらされた安定した政治について、周公は次のように述べている。

我聞在昔成湯既受命、時則有若伊尹、格于皇天；在太甲、時則有若保衡；在太戊、時則有若伊陟、臣扈、格于上帝、巫咸乂王家；在祖乙、時則有若巫賢；在武丁、時則有若甘盤。率惟茲有陳、保乂有殷、故殷禮陟配天、多歴年所。（『尚書』君奭）

この中に、九代目の太戊時代の巫咸・十三代目の祖乙時代の巫賢の父子が王朝を助けた名高い重臣として挙げられていることから、前期の神権政治の一端は窺える。

第四節　盤庚以降の商代後期諸王の実像

第十九代の商王として、盤庚は殷に都を遷したことでよく知られている。遷都という重大な政治的決断をした盤庚はそれを拒む臣下や民衆を繰り返し説得していた。特に以下のような言葉は注目すべきである。

失于政、陳于茲、高后丕乃崇降罪疾、曰：曷虐朕民！汝萬民乃不生生、曁予一人猷同心、先后丕降與汝罪疾、曰：曷不曁朕幼孫有比！故有爽德、自上其罰汝、汝罔能迪。（『尚書』盤庚中）

即ち、遷都しなければ湯王から大変な祟りが盤庚に降されること、また盤庚に従わず遷都を拒否する者には、先代の商王が天から猛烈な祟りを降しこれを逃れることは不可能であることを、祖霊の口振りで予言して臣下や民衆を諭している。このように何度も祖霊の代言者として迫力に満ちた言葉を発していたことから、盤庚の巫祝長としての立場が見えてくる。彼はそれに立脚して自らの遷都計画を強力に推し進め、見事に実現させた。ここでは、宗教的権威は政治に従属するものではなく、政治を左右する大きな力として盤庚に活用されているのである。また、盤庚が述べた「邦之臧、惟汝衆；邦之不臧、惟予一人有佚罰」（『尚書』

(34)　陳夢家「商代的神話與巫術」、『燕京學報』第二十期所収、五三三―五三六頁、一九三六年。
(35)　貝塚茂樹『中國古代史學の發展』、『貝塚茂樹著作集』所収、第四巻、二三六頁。

盤庚上）という言葉は先述の湯王の「萬夫有罪、在余一人」の思想を継承して発展させたものと思われる。盤庚が「行湯之政」、「遵成湯之德」と『史記』に評価されているのは、湯王の宗教的権威と政治思想を共に受け継いで、巫祝長として、同時に政治指導者として商王朝の歴史的転換期に活躍したからである。(36)

盤庚の次の世代に、第二十二代の王として登場したのが武丁である。彼のユニークな政治手法は『史記』に次のように記されている。

帝武丁卽位、思復興殷、而未得其佐。三年不言、政事決定於冢宰、以觀國風。武丁夜夢得聖人、名曰說。以夢所見視羣臣百吏、皆非也。於是迺使百工營求之野、得說於傅險中。是時說爲胥靡、築於傅險。見於武丁、武丁曰是也。得而與之語、果聖人、擧以爲相、殷國大治。故遂以傅險姓之、號曰傅說。(37)

世襲貴族が政治を担う時代にあって、「媵臣」、一説に「處士」であった伊尹が湯王に重用されて商代初期の名臣となったばかりか、(38)刑徒として版築に従事していた傅説をいきなり宰相に抜擢したのは恐らく前代未聞のことであったろう。またこの異例の登用が商王の夢を根拠としていることは興味深いところである。夢について解説・予測したのは武丁であろうが、夢で得た手掛かりは容貌だけでなく、名前まで明らかで、この解説・予測は非常に具体的である。該当者として說は姓がなかったことから、武丁は傅という姓を与えて、宰相に抜擢するという判断を下した。また『尙書』無逸に記されている周公の言葉によると、武丁には「舊勞于外、爰曁小人」の経歴がある。この民間人と接触することができた武丁は何らかのきっかけで傅說の才能を発見して、その卑しい身分が問題にならないように、夢見たということによって傅說を抜擢したとも考えられる。いずれにせよ、武丁と傅説とを結び付けたのが夢であって、この夢に対する武丁の解説や予測が王朝の宰相任命に決定的な影響を与えていたに違いない。

この記事は夢に対して武丁の解説・予測能力を強く示唆したものであり、既述の陳夢家が指摘した巫の職責の④の「占夢」と併せて考えれば、このような能力の持ち主として武丁は王であると同時に巫でもあったことが分かる。人材の登用というような、通常は単純な政治問題と思われることに、実は宗教的な要素が複雑に絡んでおり、後者が主導的に動いているのが武丁時代を代表とする商代国家の実態だったのである。

武丁の予測能力は「占夢」に止まらず、占卜というより日常的な宗教行事において遺憾なく発揮されており、第二節で見たバリエーションに富んだ第一期の固辞がそれを克明に示している。これは陳夢家が挙げた巫の職責のうち、②の「予卜」ということである。五十九年に亘る武丁の治世が固辞の全盛期となったのは、武丁が優れた巫祝長並びに政治指導者として商王朝を支配していたからである。

その次の世代、第二十三代の祖庚と第二十四代の祖甲の時代は卜辞では第二期と考えられている。七年、一説に十一年在位した祖庚と、通説によれば三十三年在位した祖甲は、兄弟としてそれぞれ比較的短期と長期の政権を運営したが、その間には様々な事情があったと思われる。『尚書』無逸に、

(36)『史記』殷本紀、一〇二頁。
(37)同上。
(38)同上、九四頁。

其在祖甲、不義惟王、舊爲小人。作其卽位、爰知小人之依、能保惠于庶民、不敢侮鰥寡。肆祖甲之享國、三十有三年。

とあり、これについて馬融は「祖甲有兄祖庚、而祖甲賢、武丁欲立之、祖甲以王廢長立少不義、逃亡民間、故曰『不義惟王、久爲小人』也」と述べており、[39]その高弟である鄭玄も「祖甲、武丁子帝甲也。有兄祖庚賢、武丁欲廢兄立弟、祖甲以此爲不義、逃於人間、故云『久爲小人』」としている。[40]また祖庚から祖甲への兄弟間の王位継承について、裘錫圭は正常な現象ではないと述べている。[41]

以上のことによれば、弟に譲られる形で王位に就いた祖庚には、彼を巫祝長として養成するための十分な環境や時間が与えられず、一方では王位を譲るため長時間に亘って民間に逃亡していた祖甲は民間社会に馴染んで、民衆の要望などを知りつつも、宮廷の占卜の場から遠ざかっていったことが推測される。そこで後に即位して長年在位したにもかかわらず、恐らく巫祝長としての機能を重要視しなかったこと、卜いによる予測に携わる必要な能力が実際に欠如していたこと、こういった主観的・客観的な諸要素のために、祖甲は占卜事業を従来の占卜機関に委ね、自らあまり関与しないようになったのであろう。また武丁時代の恩恵を受け、それに続く第二期は比較的安定した時代に入ったため、王が卜いの場を離れても、直ちに政治上の影響が出ることは必ずしもない。これらが卜辞に反映されて、第二期から固辞の激減が起こった。平和時における王位の譲り合いという偶然の出来事が、商王の予測能力の低下という皮肉な結果を招いたのである。しかしそれは、固辞の沈滞期の序章に過ぎない。

次の第三期では第二十五代の廩辛と第二十六代の康丁はいずれも十年も満たない短期政権のようで、商王の予測能力の衰退に歯止めがかからなかった。このような占卜に対する意欲やそれによる影響力が稀薄になりつつあった時代が第四期に突入し、ここで登場したのが悪名高い第二十七代の武乙である。『史記』には彼のとんでもない行動が以下のように書かれている。

帝武乙無道、爲偶人、謂之天神。與之博、令人爲行。天神不勝、乃僇辱之。爲革嚢、盛血、卬而射之、命曰「射天」。(42)

このように知恵を働かせ天神を侮辱するのは中国歴史上の暴君の中でも類例を見ない言語道断なケースである。彼はその報いとして、狩猟中に雷に打たれて非業の最期を遂げた。在位年数に関わらず、武乙ほど巫祝長の役目に相応しくない王はいまい。また盤庚が商王朝の安定と持続的発展を図って遷都の計画を推進するに当って、多くの貴族や民衆に反対されていたが故に、説得を重ねなければならなかったことからは、天下唯一の王者とはいえ、王権がかなり制約されていたことが推察される。それに対して、第四期に入ると、誰にも止められない武乙の暴虐な行動から、神に対する尊敬の念を喪失しただけでなく、もはや世俗的権力は規制できないほどに増大しつつあったことが窺える。そして第二十八代の文丁も短期政権であり、『史記』には具体的な記事がなく、取り立てて言うほどの君主ではなかろう。

(39)『史記』魯周公世家の裴駰『集解』所引、一五二三頁。
(40)『尚書』無逸の孔穎達『正義』所引、二四一頁。
(41) 裘錫圭「關於商代的宗族組織與貴族和平民兩個階級的初步研究」、『文史』第十七輯所収、一頁、一九八三年。
(42)『史記』殷本紀、一〇四頁。

以上のようなことを背景に、第二―四期には六人の王がいたにもかかわらず、商王の予測能力が低下する一方で、卜辞には固辞が極端に少ないまま、沈滞期の様相を呈している。

第五期になって、第二十九代の帝乙と第三十代の帝辛が登場する。帝乙は関連史料が少ないため、とりあえず帝辛、即ち紂王について見てみたい。紂王は極悪非道の暴君として、『史記』にかなり詳しい記録が遺されている。そのうち、以下の箇所はまず注目すべきところである。

帝紂資辨捷疾、聞見甚敏；材力過人、手格猛獣；知足以距諫、言足以飾非；矜人臣以能、高天下以聲、以爲皆出己之下。(43)

臣下に自らの能力を誇ろうとする紂王の性格の背景に、長い間王権が拡大されてきたことがある。董作賓は第五期における王自ら卜うという点に注目して、本期を「王親卜貞的時期」と命名している。また董氏によると、「卜」と「貞」は基本的にそれぞれ太卜と太史の仕事であって、両者は異なる概念である。(44) 卜いの担当者の名は一般に卜辞の前辞で「……貞」という形で記されているので、貞人と呼ばれるが、また「王卜」や「王貞」という文句は言うまでもなく王自ら卜ったり、神に問いかけたりすることを示している。公表されている卜辞を調べてみると、第四期までの卜辞には、「王卜」や「王貞」という語句を含むものはそれぞれ数十条散見しているが、それに対して第五期には、「王卜貞」の卜辞は急激に増えて、約一五〇〇条にも上っている。貝塚茂樹は、ここで商王は接神の聖職者ではなく、むしろ卜いを行う政治・社会の主権者並びに世俗的君主として親臨するものであると指摘している。(45)

一方、第四期までの卜辞から、合わせて一〇〇人以上の貞人が確認されているのに対して、第五期には、名前が現れている貞人は一〇人にも満たず、貞人の名を記載する卜辞そのものも非常に少なくなる。このことから、第五期になると、神と人間との間を周旋する身分の高い貞人が恐らく激減しただけでなく、その影響も日増しに薄れつつあったと思われる。

そして、第五期の固辞に続いて卜いの年について「隹王二祀」のような記事が現れるようになった。それは歴史年代を意識すると共に王權の增大をも表している。「王卜貞」の見られる前辞と「隹王……祀」の記事は世俗的独裁的君主の出現を物語っており、よくそれらに挟まれる第五期の固辞は僅か三種に過ぎない公式化した表現で王の予測能力の空前の低下と巫祝長としての機能の喪失を意味する。貝塚氏はまた以下のように纏めている。

殷虛中葉以後、……（中略）……王者は司祭長たる聖職者たる務めを忘れて世俗的獨裁君主として王國に君臨した。しかも自らは商王朝に下された天命、元來宗教的な信仰によって維持され、高祖祖宗神に對する宗教儀禮の實行の義務に裏附けられた天命を、この義務を怠りつつもなおその不變を信じて、王國の永久の存續を夢みていた。そこに商王朝の末路が用意されていたのは餘りに當然であった。[46]

(43) 同上、一〇五頁。
(44) 董作賓「甲骨文斷代研究例」を参照、『慶祝蔡元培先生六十五歳論文集』（『中央研究院歴史語言研究所集刊外編』第一種）上冊所収、一九三三年：また『董作賓先生全集』所収、甲編、第二冊、三九〇頁。
(45) 貝塚茂樹『中國古代史學の發展』、二四〇頁。
(46) 同上、二四一頁。

このように激動する社会情勢の中で大量に作られた第五期の固辞が、商王の威容ではなく、その権威の失墜を物語っている。

第五節　商王権威の歴史的変容

甲骨卜辞の固辞と商代史を併せて通観すれば、商王は司祭長として、巫祝長として、政治指導者として中国に君臨していた。この三つの役割が商王の権力の基盤となっていたのである。かつて最高の聖職者として宗教的権威によって王国を支配した商王は、時代が降ると共に、王権が次第に増大してゆくに伴って、巫祝長としての能力を次第に失い、独裁的君主として政治を行うようになったことが分かる。

そもそも卜いでは、神への問いかけより、卜兆の吉凶を正確に判断することが遥かに難しくかつ重要であろう。その吉凶に対する判断が正確にできてこそ、はじめて神の託宣が分かり、占卜が成立する。しかも、神意を人間に伝達する者として、卜いの結果を確かに読み取らなければならず、その責任は重大であると同時に、その宗教的・政治的権威も不動のものとなる。従って、遅くとも湯王の時代以来、有能な商王はいずれも自らを神と人間の間に位置づけて、巫祝長としての役割を重視し、卜兆の吉凶を判断することによって、自らの権威を維持しまた高めてゆく。しかし、商代後期の第二期以降、とりわけ第五期には、商王は自ら従事しなければならない卜兆を視て神意を判断するという神聖な任務を蔑ろにして、その反面、貞人の担当すべき仕事を手中に収めた。それは恐らく商王が卜いにおいて神意を判断する能力を失いつつ、世俗的独裁君主へと転化して、高度なテクニックが要求される神意を読み取る伝統より、比較的実行し易い神への問いかけという仕事に携わり、新たな権威を樹立しようとしたのであろう。

しかし、そのような安易で二次的なことを取り上げても、その上に築かれる権威や栄光は、巫祝長としての役割を全面的に果たしていた先代の商王には、到底遥かに及ばない。やがて内外の危機に直面すると、商王の脆弱化した権力基盤は崩れ始め、遂に収拾がつかなくなる。全盛期より沈滞期を経て泡沫期へと変わってゆく固辞から、王の予測能力が次第に低下して、王朝の存続に関わる危機が深刻化しつつあったことが見て取れる。王の権威を示す巫師長としての役割が十分に果たせなくなったことが商王権力基盤の崩壊をもたらした要因の一つと考えられる。そして神権政治が商王朝の根本である以上、商王の権威がこのような歴史的変貌を遂げたことは、王朝の終焉をも意味するのである。

小　結

第二部はまず「固・乩」の解読から着手して、その字義・字形・字音について検討を加えた。次に固辞全般を取り上げ、時期ごとに分類・分析して、その性格とその変遷のプロセスについて考察してきた。そして、商王朝の歴史における固辞の変遷と商王権威の変容とを結び付けて探究した。固辞のみならず、それと験辞とを併せて全面的に考えれば、新たな知見が得られよう。また、既述のように、商王だけではなく、高級貴族・貞人や卜官も卜兆を視て、その吉凶を判断した言葉が、固辞として記録されている。両者に具体的な関連性があるとすれば、それは商王朝の大変重要な一面を示すであろう。それらを今後の課題として、引き続き探究してゆきたい。

「聖人以神道設教而天下服矣」と『周易』観にあり、商王朝の神権政治は正にその典型である。甲骨の出土とその研究によって、長い間謎に包まれていた商代神権政治の実態が次第に明らかになりつつある。本書では、「固・𠁅」の解読をその最も重要な一環の解明の出発点とし、甲骨の時代区分の理論によって、関連卜辞を体系的に研究し、とりわけ巫祝長としての商王の役割に注目して、歴代商王の実像を多角的に把握することに努めた。思うに、商周革命の際、商王の権威や栄光は一瞬にして過去のものとなったが、それらが記された甲骨は、地下に眠り、三千年あまりの長きに亘ってその出土を待っていた。そして甲骨学が目覚ましい進展を見せている今、甲骨は沈黙を破って、商王朝の歴史を如実に物語り、我々の新しい発見を待ち続けている。

第三部　信仰と共に展開する商代の文化

——験辞とその周辺

はじめに

商代の神権政治は、上古の時代に行われたため、伝世文献に見える資料はごく限られている。これに対して、ここ百年余りの間に出土した甲骨卜辞は、最も原初的な形を保って私たちに三千年の豊かで多彩な信仰世界を見せてくれ、それによって古代商王朝を窺い知ることができるようになった。

甲骨卜辞のうち、験辞には実際に起こった歴史事実が記録され、商代の歴史に関する正確な情報が提供されるだけではなく、それと固辞との対応関係も商代の神権政治と占卜文化を研究する上で肝心となる。ただ、固辞と験辞はこれまで注目されたことが比較的少なく、その研究成果は満足できるものではない。そこで、まず固辞について考察した上で、験辞についても検討を試みることにしよう。

第八章　移り変わってゆく験辞

第一節　験辞の内容、場所とその数

第六章で述べたように、完全な卜辞は、通常は前辞、命辞、固辞、験辞とからなる。A前辞は占卜の日と貞人の名を、B命辞は卜う事柄を、C固辞は主に王が卜兆を視て吉凶を予測する言葉を、D験辞は後に起こった事実と予測との関係を、それぞれ記録する。ここでは験辞に焦点を当て、改めて例を挙げて見ておこう。

（1）A癸未卜、爭貞：B旬亡囚。C王固曰：㞢希。D三日乙酉夕盟、丙戌允㞢來入齒。十三月。二【一期、庫1595正＝合40610正＝英886正】（図一）

（2）A甲寅卜、㱿貞：B羽乙卯易日。
B貞：羽乙卯不其易日。【一期、乙6385＝合11506正】（図二上）

C王固曰：之日勿雨。D乙卯允明雈、三卣、食日大星。【一期、乙6386＝合11506反】（図二下）

（3）A〔癸未〕卜、□、B〔貞：旬〕亡囚。C王固曰：㞢希、㞢夢、其㞢來嬄。D七日己丑、允㞢來嬄〔自北、䰻〕戈化乎〔告：〕方征于我示……【一期、菁6.1＝通513＝合137反】（図三）

上に挙げた例の中のDの部分はいずれも卜った後に起こった事実と予測との関係を記録する験辞である。甲骨卜辞には大変多くの情報が含まれ、前辞には、卜いの日付のみならず、貞人の名もしばしば記されている。周知のとおり、董作賓氏はそこから貞人を見出し、時代ごとにグループ分けすることによって、甲骨卜辞の断代、即ち時代区分に成功した。[1] 命辞は、商王や貴族に重視された、卜いによって決めなければならない様々な事柄を示し、商代の社会を描く絵巻になっている。固辞は商王の言葉を記録し、王が卜兆を視て予測したことを書き遺している。しかし、もしこのような内容に限られていれば、私たちは占卜当時から見て将来起こり得ることとしか知らず、商王やその臣下が直面していた問題しか窺えないであろう。もし験辞がなければ、これらのことが実際に起こったかどうか、その結果がどのようなものであったか、また、問題が解決できたかについては、なかなか正確に把握しがたい。実際に起こった出来事を教えてくれるのが験辞であり、現代的視点から見ればこれらの出来事は大したことではないと捉えられるかも知れないが、しかしこれらの歴史事実こそ私たちが商代の歴史を考察し、商代の文明を探求する上での貴重な資料となっている。従って、験辞の重要性は論を俟たない。

また、上に掲げた拓本からは験辞が記される場所が容易に確認できる。（1）は前辞から験辞までが全て牛の胛骨の正面に刻み付けられ、第六章に挙げた（20）の合17299の同文卜辞であり、後者は最初に著録さ

図一　英886正

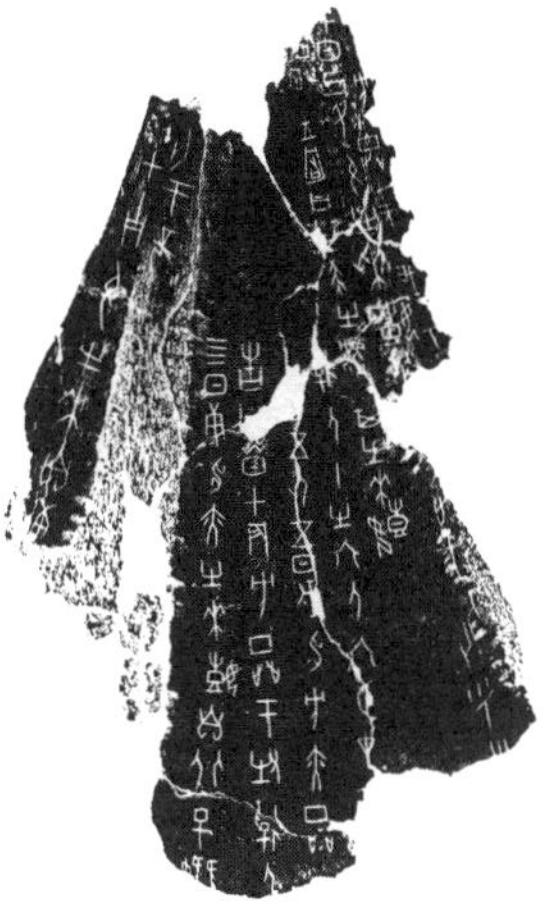

図三　合137反（45％縮小）

れた完全な卜辞である。（2）は対貞卜辞の前辞と命辞が亀の腹甲の正面に、固辞と験辞が裏面に刻まれ、正面と裏面の内容が繋がっている。（3）は一条の卜辞が全て牛の胛骨の背面に刻まれる例である。このうち、一条の卜辞が甲骨の正面に全部記録されるのが最も多い形であるが、正面と背面に分けて刻まれるケースも相当数あり、全て裏面に記されるものは比較的少ない。

　この三例はいずれも完全な卜辞であるが、多くの卜辞はこのように四つの部分が揃ったものではない。殷墟から出土した甲骨のうち、諸機関や個人に所蔵される十余万片の刻辞がある甲骨の多くは各種の著録書に公刊されているが、著録されない文字のない甲骨も少なからず存在する。文字のある甲骨は恐らく出土した甲骨の半分前後に過ぎないことから、商代の人々は卜

（1）董作賓「大龜四版考釋」（『安陽發掘報告』第三期、一九三一年）、「甲骨文斷代研究例」（『慶祝蔡元培先生六十五歳論文集』上冊、一九三三年）を参照。

図二　（上）　合11506正　（下）　合11506反　（両面とも50％縮小）

う際に必ずしも全ての甲骨に卜辞を刻み付けて遺したとは限らない。筆者の統計によれば、固辞のある卜辞は二千余条に過ぎず、験辞を記したものは更に少なく、一千条余りしかないため、夥しい数に上る出土甲骨の中でも実に稀少で珍重すべきものである。

第二節　験辞の時代的特徴

現存する一千条余りの験辞には顕著な時代的特徴が見られ、以下三つの時代に分けて考察する。

一、多彩な第一期

武丁時代を主とする第一期の験辞は、五百条以上あって、全ての験辞の半分以上を占め、豊かで多彩な内容とバリエーションに富んだ形とを兼ね備えている。内容によって、簡略型と詳細型との二種類に分けることができる。

（一）簡略型

簡略型の験辞は基本的に固辞または命辞の内容を繰り返し、多くは「允」という字で適中したことを簡単に記している。このような験辞からは、予測された事実が実際に起こったこと以上の情報が読み取れない。例えば次のような験辞がある。

（4）癸未卜、㱿貞：翌甲申王㝠上甲日。王固曰：吉、㝠。允㝠。【一期、乙2925＋2932＋3297＋3977＋4006＋7430＋7438＋7520＝丙392＝合1248正】

（5）壬戌卜、争貞：王往于田若。【一期、續3.35.2＋α＝簠游120＝合10522正】

王固曰：吉。允〔往〕。【一期、合10522反】

（6）王固曰：其來。允來。【一期、乙2584＋乙7083＋（乙1965等）＝丙590＝合17185反】

（7）翌癸〔丑〕其雨。【一期、乙3473＝合12972正】

王固曰：癸其雨。癸丑允雨。【一期、乙3474＝合12972反】

以上の験辞は、それぞれ「允」字を加えて「允㝠」、「允〔往〕」、「允来」、「癸丑允雨」という文言で固辞の予測が的中したことを示し、ごく簡単な形である。この外、次のように固辞が省略され記されないながらも、験辞が遺されている例は比較的多く存在する。

（8）辛亥卜、争貞：翌乙卯雨。乙卯允雨。【一期、乙5303＋乙5726＝丙304＝合6947正】

（9）辛亥卜、癸𢼄。允𢼄。【一期、津489＝合13136】

（10）貞：今癸亥不其雨。允不雨。【一期、乙721＋乙5495＋乙6408＝合892正】

（11）貞：翌壬寅𢼄。允𢼄。【一期、津488＝合13137】

（12）貞：丁雨。丁允雨。【一期、合12913】

（13）癸亥雨。允雨。【一期、掇二186正＝合12909正】

（14）癸卯卜、不雨。允不。【一期、續4.15.4＝合12920】
（15）丙子卜、弗其克。允不。【一期、乙190＝合20572】
（16）壬午卜、缶子其㓜。
壬午卜、缶子不其㓜。允不。【一期、甲3000＝合22102】
（17）翌己未不其雨。允不。【一期、存上148＝合12975】

（8）―（17）はいずれも固辞が書かれず、うち（10）―（13）、（17）は前辞も省略されているが、これらの験辞は的中したことを記しているので、固辞の内容を推測でき、験辞と同じような予測が行われたはずである。また、卜辞自体も固辞や前辞など記されない部分があることから、験辞も簡単な内容に止まっている。とりわけ否定の形について、（10）のような「允不雨」という動詞を含む表現がよく見られるほか、（14）―（17）のように動詞まで省略して「允不」という極端に簡潔な験辞も見られる。

（二）詳細型

簡略型の験辞に比べ、多くの験辞が辞の予測を元に内容を充実させ、また具体化している。これについて、以下のような験辞を見てみよう。

（18）王固曰：吉、𢦏。之日允𢦏𢦏方。十三月。【一期、合6649正甲】
（19）癸丑卜、〔爭〕貞：自今至于丁巳我𢦏〔𡆥〕。王固曰：丁巳我毋其𢦏、于來甲子𢦏。旬㞢一日癸亥車弗戠、之夕盟、甲子允戠。【一期、乙1915＋乙2000＋乙2358＋乙2388＋乙2434＋乙2696＋乙3377＋乙7795＝丙1＝合6834正】

(20) 癸巳卜、㱿貞：旬亡𡆥。王固曰：㞢〔希〕、其㞢來嬄。乞至五日丁酉、允㞢來〔嬄自〕西。沚𢦏告曰：土方征于我東啚、〔戠〕二邑。𢀛方亦帰我西啚田。【一期、菁1.1＝合6057正】

(21) □子卜、㱿貞：其〔㞢來嬄〕自𠿞。王固〔曰：〕……嬄。乞至……㞢來〔嬄自〕……〔壬申〕……【一期、珠603＝書301正＝合7085＝合39943正】

(22) □□卜、亘貞：逐兕、隻。〔王〕固曰：其隻。己酉王逐〔兕〕、允隻二。【一期、前7.34.1＝合10398】

(23) 己卯卜、㱿貞：雨。王固：其雨。隹壬午允雨。【一期、乙4524＋乙4916＝丙235＝合902正】

(24) 丙寅卜、〔㱿〕貞：來〔乙〕亥〔不〕其易〔日。王〕固曰：〔吉、〕乃茲〔不〕易日。〔乙〕亥〔允〕不〔易〕日、雨。【一期、乙5316＋乙5689＋乙5846＋乙5849＋乙5950＋乙8218＝丙400＝合655正】

(25) 貞：翌辛丑不其䆓。王固曰：今夕其雨、翌辛〔丑〕不〔雨〕。之夕允雨、辛丑䆓。【一期、菁8.1＝合3297反】

(26) 甲午卜、亘貞：翌乙未易日。王固曰：㞢希、丙其㞢來嬄。三日丙申允㞢來嬄自東、妻〔告〕曰：兒……【一期、前7.31.2＋（前7.40.2＝通550）＝合1075正】

(27) 辛未卜、㱿貞：帚妌冥妿。王固曰：其隹庚冥、妿。三月庚戌冥、妿。【一期、乙496＋乙533＋乙1226＝合454正】

(28) 甲辰卜、亘貞：今三月光乎來。王固曰：其乎來。乞至隹乙、旬㞢二日乙卯允㞢來自光、以羌芻五十。【一期、通530＝通別二3.1＝珠620正＝合94正】

（29）癸巳卜、㱿貞：臣𡆥。王固曰：吉。其𡆥隹乙、丁。七日丁亥既𡆥。【一期、乙2093＝合643正丙】

（23）、（27）、（29）は予測が的中した日付をも記し、（24）、（25）は的中した状況についても少し説明している。（21）は断片で、元々は更に多くの記事があった。（18）、（22）、（28）は対象をも記し、（19）は更に出来事を詳しく叙述し、（20）、（26）は関係者の報告を引用している。また、注目すべきところは多くの験辞にわざわざ占卜、予測した日と実際に的中した日（またはその途中にあった重要な時点）との間の日数が記されていることであり、例えば（18）、（19）、（20）、（21）、（26）、（28）、（29）などはその良い例である。商の人々にとって的中するまでの時間は重要であり、予測どおりの出来事が起こることをいつも待ち望んでいたのであろう。このような的中するまでの日数に関する記事が至る所に見られることから、当時は恐らく意図的にこのようなデータを集めていたと推測される。

内容から見れば、験辞を記した第一期卜辞の中身は祭祀〔（4）〕、征伐〔（18）、（19）〕、田猟〔（5）、（22）〕、往来〔（6）〕、旬夕〔（20）、（21）〕、気象〔（7）、（23）、（24）、（25）、（26）〕、生育〔（27）〕、使令〔（28）〕、臣庶〔（29）〕など多岐に亘り、豊かで多彩なものである。しかも同じような事柄であっても、験辞はバリエーションに富んでおり、多様な形を持っている。例えば（7）、（23）―（25）の気象に関する卜辞の験辞が、多くの形で書かれている。そのうち（7）のような簡単な記録もあれば、（23）、（24）のような少し具体的な叙述もあり、また、（25）のような二つの予測を含む固辞にそれぞれ対応するような二項目の験辞もあり、正に多種多様である。

「國之大事、在祀與戎」（『左傳・成公十三年』）と言うが、商代は正にその典型であり、祭祀、征伐に関する卜辞は数多くあり、枚挙に暇がないが、しかしそれらに関する験辞の数が大きく異なる。上に挙げた（2）は祭祀卜辞と考えられるが、饒宗頤氏は「寍」字について、

> 寍爲安之繁體、益止旁、爾雅釋詁安與妥倶訓止。寍義殆如詩楚茨「以妥以侑」之妥、謂尸處神坐、拜以安之。詩鳧鷖：「公尸來燕來寧。」燕與安通。又「侒」「宴」并訓安。（見說文）倶借字。契文安作宊、如契之作寍、其例正同[2]。

と述べ、祭祀する時に神を拝むと解した。同じような祭祀卜辞は多いが、験辞が記されたものが非常に少ない。恐らく祭祀に関する予測が適中したかどうかについて、明確な判断基準がなく、簡単に「允寍」と記して験辞を作る手続きを完了させるしかなかったのであろう。

これと異なり、（18）、（19）などの征伐卜辞にはしばしば非常に詳しい験辞が見られる。（20）はよくある卜旬の卜辞であるが、験辞の部分にも同じように商王朝と異民族の二つの方国との間の戦争が記録されている。（21）の補われた缺文のところにある、都の安全について直接卜う記事は、当時の緊迫した情勢の中で商王が注意深く警戒していたことを示している。（26）は元々気象に関する卜いであったが、商王は卜兆から差し迫った危険を察知しそれを正確に予測した。この本来の目的から外れたような予測は、正に戦時中に厳重な警戒がなされたことを表し、三千年後にも現実感を覚えさせられるものである。その理由として、松丸道雄氏が指摘したように、「某方」と称される方国は間違いなく商の都のごく近くにあり、当時は多くの種族がそこに雑居しており、商の王族がその地に遷り都を作って間もない頃には、商民族と各異民族の間に激しい戦争が繰り広げられていた。従って商王朝が都を遷して間もない頃には周辺の諸民族を制圧しなけれ

ばならないが、中期以降は更に遠くにある強い諸侯と対抗するようになる。(3) ここからも、『詩經』に歌われている「古帝命武湯、正域彼四方。方命厥後、奄有九有。……邦畿千里、維民所止、肇域彼四海」(『詩經』商頌・玄鳥)、「撻彼殷武、奮伐荊楚、罙入其阻、裒荊之旅。……天命降監、下民有嚴。不僭不濫、不敢怠遑。命于下國、封建厥福」(『詩經』商頌・殷武)というようなことは、いずれも卜辞と合致しており、武丁は確かに優れた知恵の持ち主で国作りに取り組み続ける高名な王なのであった。

二、狭小化した第二、三期

祖庚、祖甲時代の第二期に入ると、第一期には盛んだった験辞が著しく減ってゆき、この状態が廩辛、康丁時代的第三期まで続いた。その数は両時期とも数十条に落ち込んでいる。そして第四期の験辞は、今のところ、所謂「歴組卜辞」以外に見つかっておらず、将来の発見を待つこととしよう。ここに第二、三期の代表的な験辞を挙げ、その特徴を概観してみたい。

(30) 己卯〔卜〕、□貞：今日㞢。王囚曰：其㞢、隹其母。大㞢。(二期、後下17.9＝通391＝合24917)

(31) ……卜、尹〔貞〕：□日西……王囚〔曰〕……定。允……十三月。(二期、七W57)

(32) 丁巳卜、貞：囚其入。王曰：入。允入。【二期、眞8.32＝眞519＝合23805】

---

(2) 饒宗頤『殷代貞卜人物通考』(香港大學出版社、一九五九年)、一二六頁。

(3) 松丸道雄『殷』(所収『世界歴史大系　中國史』1先史〜後漢、山川出版社、二〇〇三年)、一二三頁。

（33）□午卜、王貞曰：雨。吉、告。允雨。【二期、存上1475＝合22782】
（34）……卜、出……翌辛卯……喜餗……用。允……用。【二期、鐵182.3＝前5.18.1＋α＝合24146】
（35）己丑卜、出貞：今日雨。之日允雨。【二期、明1438＝合24735】
（36）丁卯卜、貞：今夕雨。之夕允雨。【二期、續4.17.8＋α＝合24770】
（37）貞：雨。允雨。【二期、誠135＝合24776】

第二期の卜辞のうち、固辞のあるものは管見の限りこれが全てであり、まず固辞が極端に減少することが分かる。（30）、（31）に固辞があるほか、（32）の「王曰：入」や（33）の「吉、告」も固辞と見てよいが、他の卜辞に固辞は見当たらない。加えて、験辞の内容も限られている。（30）、（33）、（35）―（37）のような気象卜辞が大半を占めるようになり、（34）は祭祀関係と見られ、（32）は往来に関する卜辞であり、いずれもごく少数である。また、験辞の中身として、固辞や命辞のそれと異なる新しい情報が殆ど含まれていない。

この第二期の影響を受け、第三期の験辞も内容の広がりを見せていない。その典型的な例を見ておこう。

（38）丁卯卜、何貞：王往于夕ㄧ、不冓雨。允衣、不冓……。【三期、合27862】
（39）……卜、今日戊、王其田、不冓雨。茲允不……。【三期、粹995＝合28535】
（40）□亥卜、翌日戊、王兌田、大叔。大吉。茲用。允大叔。【三期、鄴三下37.5＋α＝合28663】
（41）□戌卜、貞：今夕雨。允雨。【三期、甲1202＝合29955】

（42）以毕又鹿。翌日允毕。【三期、甲1189＋1233＝合28332】

現在知られている第三期の卜辞を見ると、従来の「王固（𡆥）曰」で始まる固辞が終に姿を消してしまった。第二期の固辞が激減したことからすれば、それはある意味当然の成り行きかも知れない。王の固辞が見つからず、奇妙に見えるこの時期の卜辞は、験辞においても特徴的かつ示唆的である。上に挙げた例から、第三期の験辞は内容が更に限定され、田猟関係の割合も高くなったことが分かる。（38）は祭祀卜辞のようで、（41）は気象卜辞であるが、他はいずれも田猟に関わっている。そのうち、（39）、（40）は田猟の際の気象を卜ったものである。田猟に関する験辞が増えたのは、一時的な現象ではなく、実は後述する第五期の田猟関係の験辞のみという状況の発端であったと思われる。

三、一本化された第五期

既述のように、帝乙、帝辛時代的第五期になって、固辞の数が一千余条に戻り、第一期のそれと拮抗するようになった。しかし内容は基本的に祭祀、征伐、往来、田猟、卜旬に限られており、第一期ほど豊かでない上に、表現はただ「吉」、「大吉」、「引吉」三種しかなく、そのうち「吉」が多数を占めており、公式化の傾向が明らかで、占卜自体の実用的価値が大きく損なわれた。

それに対応するかのように、第五期の験辞は、第二期や第三期に比べて数が増え、百条以上に持ち直したものの、内容が一本化され、そこには田猟の成果に関する記載しかなく、他の内容は全く見出せない。以下、固辞の形によって、「吉」、「大吉」、「引吉」という三類に分けて検討する。

（一）吉類

(43) 壬子卜、貞：田牢、往來亡災。王𠧞曰：吉。茲钔。隻兕一、虎一、狐七。【五期、前2.37.2＋（前2.39.4＝通681）＋珠121＝合37363】

(44) 壬寅王卜、貞：田琘、往〔來〕亡災。王𠧞曰：〔吉〕。茲钔。隻狐□、鹿一、麑一。【五期、掇二216＋存上2367＋人2928＝存上2370＝合37364】

(45) □□卜、貞：王田琘、往來〔亡災〕。王𠧞曰：吉。茲钔。隻……一、麑二、雉二。【五期、前2.11.6＝通669＝合37455】

(46) 乙亥王卜、貞：田喪、往來亡災。王𠧞曰：吉。隻象七、雉卅。【五期、簠游86＋（簠游92＝續3.18.1）＝合37365】

(47) 壬戌王卜、貞：〔田于〕梲、往〔來〕亡災。隻鹿九、狐一。〔王𠧞〕曰：吉。【五期、合37416】

（二）大吉類

(48) 戊戌王卜、貞：田[illegible]、往來亡災。王𠧞曰：大吉。才四月。茲钔。隻狐十又三。【五期、前2.27.5＝通722＝合37473】

（三）引吉類

(49) 壬子王卜、貞：田牢、往來亡災。王𠧞〔曰：〕引吉。茲钔。隻兕二、鹿八。【五期、前2.31.5＝通701＝合37378】

（50）壬子王卜、貞：田[illegible]、往來亡災。王𠘨曰：引吉。茲钔。隻狐四十一、麑八、兕一。【五期、前2.27.1＝通682＝合37380】
（51）□□〔卜〕、貞：王田于雞、往來亡災。〔王𠘨曰：〕引吉。茲钔。隻狐八十又六。【五期、佚547＝合37471】
（52）□□〔王〕卜、貞：田呈、往來亡災。〔王𠘨曰：〕引吉。茲钔。隻狐廿五……〔六〕雉。【五期、前2.34.6＝通676＝合37486】

　商王が田猟を行って捕った獲物を験辞に記録すれば、勿論比較的直接的に占卜の予測が的中したことを示すことができる。この第五期の験辞には様々な獲物が、その重要性を基準に重要なものからそうでないものへ順序良く記録されている。具体的には、各種の獲物の数が大きく異ならない場合には、まず捕獲しにくい大きな獲物を記し、それから比較的捕りやすい小さな獲物を載せる。例えば（43）は兕、虎、狐を、（44）は狐、鹿、麑を、（45）は麑、雉を、（46）は象、雉をそれぞれ順に記していることから、商代の人々にとっての獲物の序列は兕、虎、狐、鹿、麑、雉の順であったことが分かる。常識で考えれば、象は兕、虎の前後に位置づけられていたであろうが、未だ関連卜辞によって証明されていない。

　若し各種の獲物の数が大きく違っていれば、獲物の数を基準に多い方から少ない方へ順に記録する。例えば（47）は「鹿九、狐一」と、（50）は「狐四十一、麑八、兕一」と記されている。（51）にある狐を八十六匹捕らえたという記事から、商王の田猟地には狐が相当多く生息する場所があって、時には大量に捕獲できたことが分かる。以上のように重要な獲物からそうでない獲物へと記す順序は、商の人々が獲物の種類と数を田猟に関する占卜が的中するかどうかの基準としていたことを示している。しかし他の内容の験辞が見当たらないことから、恐らくその他の占卜の予測が芳しいものでなかったことが窺えるであろう。

以上、甲骨卜辞の験辞について、例を挙げて比較しながら検討してきた。一千条余りの験辞のうち、第一期のものは半分以上を占めるほか、多彩な内容と多様な形式を有している。第二期・第三期に入ると、数が激減すると共に、内容も形も限られるようになり、気象や田猟関係の比重が高くなり、狭小化し始めた。第四期の験辞は今のところ不明である。第五期になって、験辞の数はある程度回復したものの、内容は田猟関係のものに絞られ、一本化されたことが明らかである。商代卜辞の験辞は、時代が下ると共に、それぞれの特徴を現し、移り変わっていったのである。

第三節　験辞の変遷の原因

前節で験辞の時代的特徴を見てきたが、商代後期の二百三十七年の間に、これだけの変化を遂げた験辞の背後には、興味深い歴史的な背景が見えてくる。その変遷の原因が果たしてどこにあるのか、節を改めて考察してみたい。

本章で験辞を検討する際、屢々その時期の固辞の状況を述べてきた。それは、まず験辞が基本的に固辞を承けて記されるものだからである。固辞は主に王が卜兆を視て吉凶を予測する言葉で、その予測が的中したかどうかを検証して記したのが験辞である。験辞を作る時、既に行われた予測の内容が担当者の念頭にあったことは間違いない。験辞は固辞と非常に密接に関わっている以上、それぞれの時期の固辞の状況と併せて考えねばならない。

　実際、前節で両者を併せて考察してきたところ、やはり験辞の移り変わりが固辞の変遷の軌道にあるものと言えることが明らかになった。例えば、数について、第一期に一千条余りあった王の固辞は、第二期になると十条ほどに激減してしまい、検出されない第三期と状況不明な第四期を経て、第五期に入って再び一千条ほどに回復した。験辞は第一期に五百条以上あったが、第二期や第三期にそれぞれ数十条に減り、不明な第四期の後、第五期は第一期ほどではないが、百条以上には持ち直した。験辞と同時期の固辞とを比較すれば、いずれも隆盛の第一期から衰退した第二期・第三期を経て回復した第五期へと変遷していったことが分かる。

　それだけではなく、内容や形式を検討することによって明らかになったように、全盛期の第一期から沈滞期の第二期・第三期を経て泡沫期の第五期を迎えた固辞の次にそれぞれ記された験辞は、多彩な第一期から始まり、第二期・第三期において狭小化し始め、終に一本化された第五期に突入するという似たような道を辿っている。従って、験辞の変遷の原因を卜辞自体に求めれば、それは験辞の前に記される固辞に連動して変化していったと言える。

　また、その原因を更に商代の政治や社会に求めてゆくと、第七章で考察した商代後期の時代背景が浮かび上がってくる。第一期の卜辞は主に商王武丁時代のものであり、それは復興の時代であった。商王盤庚が都を黄河の南にあ位置す現在の安陽に遷し、初代商王の湯王の政治を履み行った結果が、「殷道復興」と『史記』に記されている(4)。その後の小辛の時代にまた衰退したらしいが、小乙の時代を経てその子の武丁が王位に就くと、傅説という名宰相を起用し、その政治は「殷國大治。……（中略）……武丁修政行德、天下咸驩、殷道復興」と評価されている。(5) 五十九年の長きに及ぶ武丁の治世は、安定した政治環境の下、豊かな経済に恵まれ、周辺の異民族との戦争でしばしば勝利を収めていった。そして、何よりも武丁は、優れた巫祝長兼政治指導者として商王朝を治め続けたのである。その優秀な予測能力は第一期の豊かで多彩な験辞によって裏付けられ、またかかる験辞はその時代の現し、その社会の縮図ともなっている。

また、王の固辞に続く験辞の外に、固辞が記されず直接験辞が刻み付けられた卜辞が相当あることを前節で指摘したが、これは王以外の人物がその卜兆を視て未来を予測していたことを示唆している。実際、殷墟花園莊東地甲骨に見える「子𡆥曰」の卜辞(一期、花10など)、小屯南地甲骨に見える「ナト囧曰」の卜辞(歴組、屯930)や、「出固曰」の卜辞(一期、合20153など)に、王族の「子」、卜官の「左卜」や貞人の「出」が予測した固辞が遺されている。王の固辞に比べればこれらの固辞は遥かに少ないが、王以外の人物が卜兆を視て未来を予測して固辞を遺すという点において極めて興味深い。これについての詳しい考察は別の機会に譲りたいが、第一期からこのような固辞なき験辞が存在することからすると、制度として既に確立したものであったように見える。

験辞が一変した第二期—第四期の年数ははっきりしないが、これまでの研究成果によれば四十二年とする説から百三十四年とする説まであり、かなり幅のあるものである。(6) 少なくとも四十年以上の間、験辞が合わせて百条前後しかなく、第一期に比べれば、余りにも少ない。

祖庚から始まって文丁に終わる第二—四期は、商代後期の半ばに位置し、暗澹で沈黙した特殊な時代であった。前章で取り上げた裘錫圭氏の見解によれば、祖庚から祖甲へ、廩辛から康丁への兄弟間の王位継承はいずれも正常な現象ではない。第三期の廩辛、康丁の在位年数はいずれも十年に満たず、その後の第四期の武乙は非道な王であり、文丁は特に実績もないようで、在位年数も長くない。この四世代の六人の王による王位交代が比較的短期間に起こり、長く国を治めることができなかったことは、験辞を衰退させた重要な客観的原因である。これまで述べてきたように、商王は王朝の祭祀の司祭長、軍事・政治指導者、巫祝長という三つの職責を同時に担っていたが、そのうち、巫祝長として卜兆を視て正確に未来を予測するために、占卜は重視される上に、一定期間の訓練と習熟を必要とする。しかし第二―四期の六人の王は、自身が占卜を重視しなかったり、在位年数に制約されたり、或いはその両方から影響を受けたりして、占卜によって予測するという効果的な支配手段を失い、この時代の甲骨卜辞の衰退をもたらした。これも当該時期の験辞が凋落した主な原因であろう。

ただ、この時期の王の固辞が数条しか見つからないのに対して、験辞は少ないながらも数十条検出され、とりわけ第三期に王の固辞が全く見当たらないのに験辞も数十条見られることからすると、第二―三期の固辞無き験辞は、恐らく王以外の担当者が予測したことが的中したかどうかに対する験辞と見てよかろう。験辞の数が大幅に落ち込んでも作られ続けたことから、王が巫祝長としてしかるべき役割を果たしていなかった第二―三期にも、占卜機関は辛うじて運営され自らの職務を遂行していたことが窺える。

そして第五期の獲物の種類や数を詳しく記す験辞からは、験辞の記録を含む占卜事業は高い完成度をもっ

（4）『史記』殷本紀、第一冊、一〇二頁。
（5）同上、一〇二―一〇三頁。
（6）本書第七章第一節を参照。

て制度化されたことが分かるが、一方で田猟卜辞に限られる単調さは、この占卜事業が商代の末期になって形式化し空洞化してしまったことを物語っている。「殷人尊神、率民以事神、先鬼而後禮」（『禮記』表記）というように、商代における神権政治が次第に没落していったことは、紛れも無く商周革命が起こる重要な原因となったのである。

以上考察してきたように、殷墟甲骨に見える一千条余りの験辞は第一期や第五期に集中しており、第二―四期の数は相当少ない。第一期の験辞は内容が多岐にわたり、豊かで多彩なものであるが、第二―四期の験辞は数が少ない上、内容も限られてゆき、第五期の験辞は数は増えたが、内容が田猟に絞られ、政治や経済との関わりがあまりなくなった。これらのことから、固辞の状況や特徴に共通しているところが多く見られる。予測が的中したかどうかを記録する験辞は、一般に固辞に続くものとして密接に関わっているため、必然的に似たような状況や特徴を備えている。これらの事実からも分かるように、神権政治は商代の極めて特徴的な政治形態であり、歴代商王の権威がそこに現れており、験辞は商王の権威を確認し、神権政治を強固なものにする重要な機能を持っている。ただ卜兆を視て未来を予測する能力は王によって異なり、政治状況や社会環境も時代と共に変化してゆき、商代後期の神権政治が隆盛を極めた後に衰退し始め、回復に努めながらも終に形式化してしまった軌跡を験辞から見て取ることができる。

結　語

甲骨が発見されて百年あまりの間、甲骨学研究は学界の注目を集める多大の成果を上げた。本書の第一部では、これまでの研究成果を踏まえて、商代信仰世界における甲骨の諸相について、主に神権と文化との関係に注目して、整理を行いつつより深く考察を加えた。

『尚書』洪範によると、商代には最終的な意思決定に関与できる王・卿士・庶人・卜・筮の五者のうち、神意を代表する卜と筮が圧倒的権威を持っていた。商代の信仰世界において、この卜と筮には、いずれも甲骨が深く関わっている。本書は第一章で『尚書』洪範などの文献を再検討し、第二章では卜の時間・場所や方法などの面から卜の特徴について考察し、第三章では筮の確認・『歸藏』の虚実や巫咸の役割について筮の記録を探究した。第四章で卜と筮の関係について、共通点と相違点を纏め、それらの源流について、近年の考古発掘の成果を取り入れつつ探った。

動物の骨を使う骨卜の遺跡は新石器時代から華北一帯に広がっているが、牛中心の卜骨への転換は商代前期に起こり、亀の甲羅を使う亀卜は後期になって多用されることから、主に亀甲と牛骨による卜いとその盛行は商代の信仰の大きな特徴と言える。これとは別に、数理概念によって神意を問う「筮」が既に行われており、一部の甲骨に記されている三桁から六桁の数字が解読され、「歸藏」という商代の易と推測される。甲骨が占卜道具としてではなく、書写材料として直接関係しない筮の記録にも用いられたのは、卜と筮が商代の信仰を共に支えていたからである。「象」を示す卜が「数」を示す筮より重視されたとはいえ、両者は互いに補完しながら併用されていた。商代の信仰では物事を卜兆によって捉える具象性と、世界を数理によって捉える抽象性の双方を備えたことが、甲骨に示されているのである。中国文明における具象性と抽象性の双方が甲骨に内包されることは注目すべきである。

甲骨卜辞のうち、「王固（囙）曰」で始まる固辞の部分には、商王が卜兆を視て吉凶を判断し未来の事柄を予測する言葉が記録されている。本書の第二部では、商王の予言録として固辞を取り上げ、主に神権と王権との関係に注目し、五期区分法を用いて、固辞の変遷を中心に商王の権威とその変化について検討した。

まず「固・凪」字について百余の字形を全面的に整理して、中間形態を見出し、固—㕯—囙（以上第一期・歴組）—囙（第二期の仮借字）—凪（第五期）という歴史的展開を明らかにして、「凪」の「乚」は「口」に由来すると分析し、文献の検討や文物との照合によって義・形・音を解明した。即ち「固・凪」は、卜兆を視て吉凶を判断する意であり、『說文』の「卟」や『玉篇』の「乩」と同一の文字で、経典の「稽」はその仮借字である。卜兆の現れた卜骨に象って発音をも示す「囙」と予測・予言を表す「口」とから成り、「卟」・「乩」・「稽」と同音である。

次に固辞全般を時期ごとに分類・分析し、その性格と変遷を通時的に考察した。全盛期の第一期や泡沫期の第五期の固辭は沈滞期の第二—四期より圧倒的に多く、第一期の固辞は詳細かつ具体的で多様性を備えているが、第二期から固辞の激減と共に簡略化・抽象化や単一化の傾向が現れて、第五期になって数だけは回復したが、具体性が殆どなく公式化が最大の特徴となった。

そして固辞の変遷と商王の権威の変容とを結び付けて探究した。司祭長・巫祝長・政治指導者の三つの役割が商王の権力の基盤となったことを論じ、商王における巫祝長の性格を解析した。商王は時代が降ると共に王権が増大してゆくのに伴って、巫祝長としての能力や意識を次第に失い、独裁的君主として政治を行うようになったことが分かる。

本書では、「固・𠃨」の解読から着手して、関連卜辞を体系的に研究し、とりわけ巫祝長としての役割に注目し、神権政治における歴代商王の実像の多角的な把握を試みた。

本書の第三部では予言の的中の状況を示す験辞について、主に神権、王権と文化の関係に注目し、験辞の時代的特徴を通観し、その変移の原因を考察したところ、験辞の変移が固辞の変遷の軌道とほぼ一致することが明らかになった。験辞は、その時代の政治や社会情勢を端的に反映した縮図ではないかと思われる。そして商代の卜筮文化が、かかる紆余屈折の末、高い完成度をもって制度化された反面、形式化し空洞化してしまったことは、来るべき商周革命の重要な原因となったのである。

以上、本書で展開した甲骨文字と商代の信仰を総括してきた。本書は主に文献資料、甲骨卜辞や考古発掘の成果に基づいて綜合的に考察し、最も注目を集めまたよく利用される命辞を精査すると共に、とりわけ第一部で前辞を、第二部で固辞を、第三部で験辞をそれぞれ真正面から取り上げ、綿密に検討してきた。このようなささやかな試みとして、従来あまり重視されなかった部分にも光を当て、新たな知見を提示することに努めてきたが、今後も努力を続けてゆきたい。

大陸雜誌　第四卷第八期

甲骨文斷代研究的十個標準（上）　二五四　（12）

殷代王室世系圖

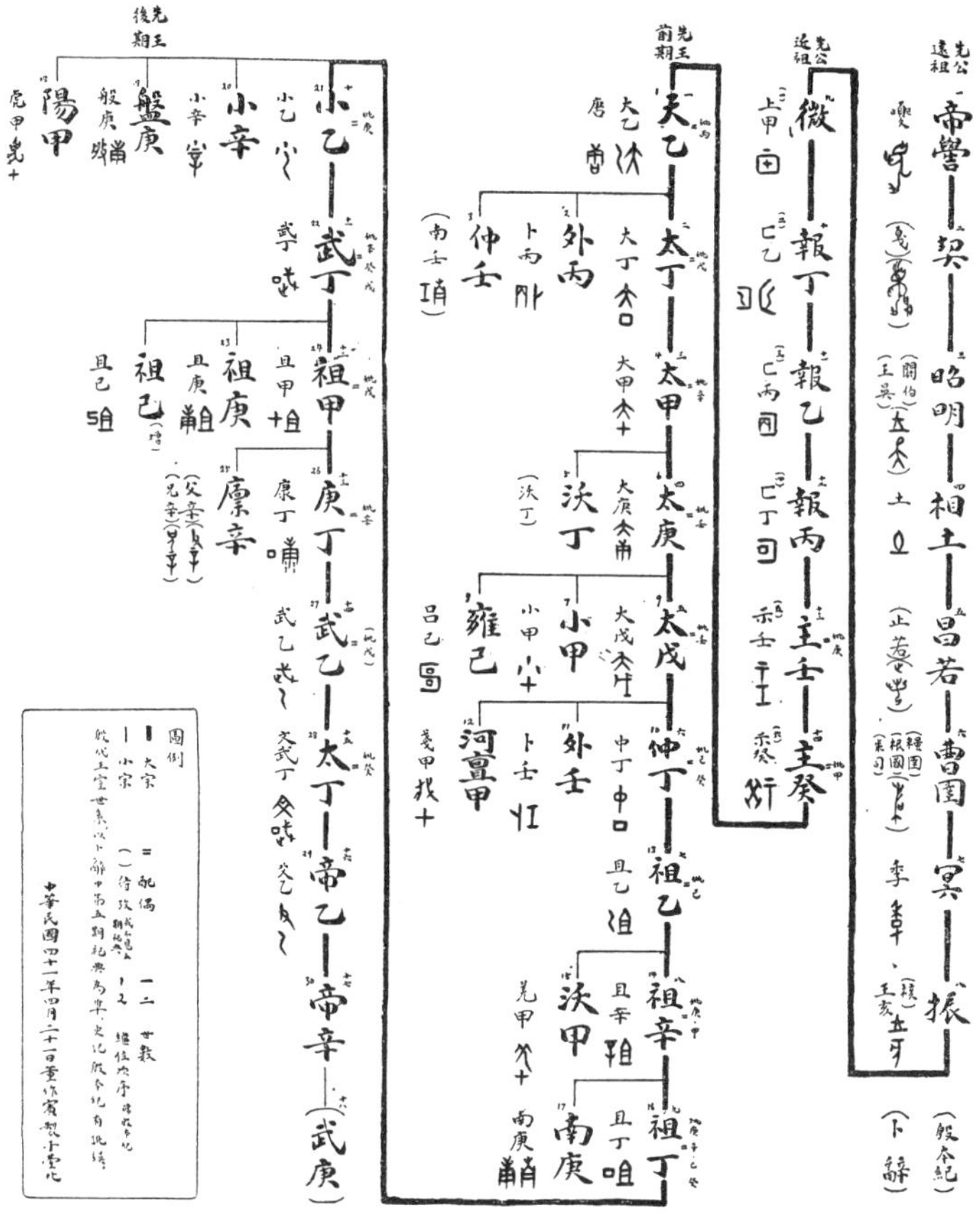

附録二　字形表に関する分類の詳細

第五章第三節に掲げる「固・凪」の字形変遷表の分類の詳細は以下のとおりである。まず代表的な文字を挙げて、『甲骨文編』と『續甲骨文編』の順で同類のものを挙げる。『文編』・『續文編』に記されている著録番号や『合集』の著録番号以外のものは省略する。重複して収録されているものの後ろに「※」で、複数文字のあるものの後ろに「×……」で示す。

第一期

1類

1. （乙7795＝合6834正※）[文編] 後上7.13＝合17706／[續文編] 乙7795＝合6834正※／

2. （乙6726＝合9950反※）[續文編] 乙4628＝合5658正／乙6726＝合9950反※／乙7782＝合10133反／

2類

3. （前6.39.1＝合21412）

4. （津1601＝合21411※、『續文編』所收）[文編] 津1601＝合21411※／

3類

5. （鐵170.1＝合16980）[文編] 乙3380＝合17301反／佚923＝合16935正※／絜3＝合5064／[續文編] 乙6669＝合3979反／乙7337＝合8310反／乙7746＝合10989正／乙7765＝合6771反／佚923＝合16935正※／簠

11.29＝合16794／

6. （後下2.1＝合13047）[續文編] 存上2／

4類

7. （前7.22.1＝合7364）[文編] 菁8.1＝合3297反／乙3427＝合4735反／[續文編] 乙7017＝合809正／乙7731＝合14002正／乙7926＝合235反／

5類

8. （乙6878＝合3946反、『續文編』所收）

9. （乙6549＝合3771、『續文編』所收）

6類

10. （乙7289＝合10964反、『續文編』所收）[續文編] 乙6407＝合14147反／乙6724＝合13390反／乙7019＝合418反／

11. （珠1041反＝合4021反、『續文編』所收）[續文編] 珠810＝合17715／

7類

12. （存上117＝合14469反、『續文編』所收）[文編] 乙3413＝合7426反／[續文編] 甲3010＝合17693反／

13. （佚386＝合367正、『續文編』所收）[文編] 乙7064＝合14468反※ [續文編] 乙7064＝合14468反※

8類

14. （前4.25.2）[文編] 鐵263.4＝合17736／餘1.1＝合13475／甲2256＝合16939反※(1)／乙3405＝合17085正／[續文編] 甲2256＝合16939反※／甲3334＝合390反／乙6400＝合914正／乙7204＝合6656／乙7311＝合

13658反／乙7736＝合419反／珠603＝合7085／珠620（正、反）＝合94（正、反）／珠977／佚546＝合12997反／簠2.33／簠2.40＝合14647正／簠4.111＝合6093反／簠5.10／簠8.115＝合13996／北大3.11.2／北大3.15.2／天22甲＝合12511正／天87乙＝合7859反／六中72／六清137＝外276／六清138＝外369／

15. （前7.33.2＝合11917） 文編 鐵77.1＝合17681／鐵233.3＝合17299／佚537（右側）＝合7385反※[2]／
續文編 ／甲3898＝合補3869／珠1144＝合11920／通530＝合94正／佚537（右側）＝合7385反※／佚974＝合17703／續3.40.2＝合584正 甲／續4.9.1＝合11851正[3]／續4.31.6＝合7143正※※／簠2.52＝合7143正※※／簠11.59＝合1097／簠11.60＝合584反甲／北大3.32.2／北大4.15.3／傳2.6／傳2.7＝合10405反／傳2.8＝合10405正／傳2.9／粹803乙＝合16454反／粹1144乙＝合4288 反／

9類

16. （福37背＝合11661反） 續文編 乙6386＝合11506反／

17. （簠4.75＝合4619、『續文編』所收） 續文編 北大4.23.1／

10類

18. （絜8反＝合424反）

A. （花173）×2

B. （花10）

C. （花10）

D. （花61） ／花50／花59／花103／花159／花220／花226／花241／花259／花289／

E. （花14） ／花103×2／花227／花288×2／花295×2／

F. （花103）／花61／花234／花241／花252／花303／

G. （花288）

歴組

H. （屯2384）

I. （屯930）

J. （屯2439）

19. （掇一439＝合34865正）／懐1620＝合補10845／

20. （粹1427＝合35024）／寧1.469＝合34750[4]／

（1）『文編』では拓本番号が誤って「甲二二五五反」と記されている。

（2）佚537は一枚の拓本に見えるが、実際は正面が左側に、裏面が右側に繋ぎ合わせられたものである。

（3）『續文編』巻三の頁三三裏の第四行第六字に挙げられているこの文字の出典が「續4.8.1」と記されているが、摹本と拓本とを照合したら、この字が見当たらない。摹本の字形を近くの他の拓本で調べると、当該字形が「續4.9.1」という拓本にあるので、「續4.8.1」は『續文編』の誤記であろう。

（4）このト骨の「⿱凶口」字らしきところが缺けている。若しそれを「⿱凶口」字とすれば、近くの「　」の字形によって「⿱凶口」の字形を推測して、5類に属する可能性が高いため、とりあえず5類に入れる。

第二期

a. （後下17.9＝合24917）

b. （合24117反）

c. （後下10.2＝合24118＝合31680）

第五期

21. （前2.40.2＝合37712） [續文編] 續2.6.2＝合38732／

22. （前2.22.2＝合36734） [續文編] 續3.16.1＝合37606／

23. （佚428＝合35646正） [續文編] 珠243＝合35589／簠10.77＝合37472／簠11.21／津5561＝合39324／

24. （後 上10.2＝合36936） [文編] 前2.11.6＝合37455[5]／前2.33.2＝合37372／龜1.11.10＝合35652／存上2582＝合39363／佚428＝合35646正／ [續文編] 佚860＝合38731／簠3.150＝合37838／簠10.51＝合36426／天16＝合39357／

25. （甲327＝合37695） [文編] 存上2581＝合39402／

26. （續3.18.1＝合37365、『續文編』所收）

27. （存上2363＝合37770）

28. （前5.32.5＝合36536）[6]

（5）『文編』頁七二一の第六行第一字に挙げられているこの文字の出典が「前二、一一、三」と記されているが、摹本と拓本とを照合したら、字形が異なっていることに氣づく。そこで摹本の字形を同じ頁の他の拓本で調べると、よく似たような字形が「前二、一一、六」という拓本に現れていることが分かるので、「前二、一一、三」は恐らく『文編』の誤記であろう。なお、この字形の左側外廓の上部に缺けている部分があって、元々そこにあった横線が一本か二本かが不明であるが、とりあえずそれを一本と考えて、4類に属するものとする。

（6）『文編』頁七二一の第七行第一字に挙げられているこの文字の出典が「前五、三二、三」と記されているが、注150と同じ理由でそれは「前五、三二、五」誤記であろう。

附録三　甲骨著録略称表

本書で引用したものを含め、管見する限りの甲骨の著録書及び綴合に関する書籍について、以下の表に掲げる。

	略稱	書名	著者	出版元	出版年
1	鐵	鐵雲藏龜	劉鶚	裒殘守鈹齋	一九〇三年
2	前	殷虛書契	羅振玉		一九一三年
3	菁	殷虛書契菁華	羅振玉		一九一四年
4	餘	鐵雲藏龜之餘	羅振玉		一九一五年
5	後	殷虛書契後編	羅振玉		一九一六年
6	圖	殷虛古器物圖錄	羅振玉		一九一六年
7	虛	殷虛卜辭	明義士	上海別發洋行	一九一七年
8	戩	戩壽堂所藏殷虛文字	王國維		一九一七年
9	龜	龜甲獸骨文字	林泰輔	商周遺文會	一九二一年
10	簠	簠室殷契徵文	王襄	天津博物院	一九二五年
11	拾	鐵雲藏龜拾遺	葉玉森		一九二五年
12	寫	新獲卜辭寫本	董作賓		一九二八年

13	傳	傳古別錄第二集	羅福成		一九二八年
14	眞	殷虛文字存眞	關百益	河南省博物館	一九三一年
15	道	書道全集	下中彌三郎	平凡社	一九三一年
16	周	周漢遺寶	東京帝室博物館	大塚巧藝社	一九三二年
17	福	福氏所藏甲骨文字	商承祚	金陵大學中國文化研究所	一九三三年
18	契	殷契卜辭	容庚、瞿潤緡	哈佛燕京學社	一九三三年
19	通	卜辭通纂	郭沫若	文求堂	一九三三年
20	續	殷虛書契續編	羅振玉		一九三三年
21	佚	殷契佚存	商承祚	金陵大學中國文化研究所	一九三三年
22	銘	古代銘刻彙考	郭沫若	文求堂	一九三三年
23	鄴初	鄴中片羽初集（下）	黃濬	尊古齋	一九三五年
24	郼	郼齋所藏甲骨拓本	金祖同	中國書店	一九三五年
25	庫	庫方二氏藏甲骨卜辭	方法斂、白瑞華	商務印書館	一九三五年
26	柏	柏根氏舊藏甲骨文字	明義士	齊魯大學國學研究所	一九三五年
27	相	殷虛甲骨相片	白瑞華		一九三五年
28	誕	中國的誕生	顧立雅		一九三六年
29	粹	殷契粹編	郭沫若	文求堂	一九三七年
30	鄴二	鄴中片羽二集（下）	黃濬	尊古齋	一九三七年

31	拓	殷虚甲骨拓片	白瑞華		一九三七年
32	錄	甲骨文錄	孫海波	河南通志館	一九三八年
33	七	甲骨卜辭七集	方法斂、白瑞華		一九三八年
34	天	天壤閣甲骨文存	唐蘭	輔仁大學	一九三九年
35	鐵零	鐵雲藏龜零拾	李旦丘	中法文化出版委員會	一九三九年
36	珠	殷契遺珠	金祖同	中法文化出版委員會	一九三九年
37	叕	甲骨叕存	曾毅公	齊魯大學國學研究所	一九三九年
38	金	金璋所藏甲骨卜辭	方法斂、白瑞華		一九三九年
39	誠	誠齋殷虛文字	孫海波	修文堂	一九四〇年
40	中	中央大學史學系所藏甲骨文字	李孝定		一九四〇年
41	寶	河南安陽遺寶	梅原末治	小林寫真製版所出版部	一九四〇年
42	雙	雙劍誃古器物圖錄	于省吾		一九四〇年
43	五	甲骨五十片	白瑞華		一九四〇年
44	摭	殷契摭佚	李旦丘	來薰閣	一九四一年
45	鄴三	鄴中片羽三集（下）	黃濬	尊古齋	一九四二年
46	廈	廈門大學所藏甲骨文字	胡厚宣	『甲骨學商史論叢』初集所收、齊魯大學國學研究所	一九四四年
47	駢	雙劍誃殷契駢枝三編	于省吾		一九四四年

48	六	甲骨六錄	胡厚宣	齊魯大學國學研究所	一九四五年
49	骨	骨的文化	懷履光		一九四五年
50	平	戰後平津新獲甲骨集	胡厚宣	齊魯大學國學研究所	一九四六年
51	卜	龜卜	金祖同	上海溫知書店	一九四八年
52	甲	殷虛文字甲編	董作賓	中央研究院歷史語言研究所	一九四八年
53	乙	殷虛文字乙編	董作賓	中央研究院歷史語言研究所	一九四八—一九五三年
54	摭續	殷契摭佚續編	李旦丘	商務印書館	一九五〇年
55	甲綴	甲骨綴合編	曾毅公	修文堂書店	一九五〇年
56	寧	戰後寧滬新獲甲骨集	胡厚宣	來薰閣書店	一九五一年
57	掇一	殷契拾掇	郭若愚	上海出版公司	一九五一年
58	南	戰後南北所見甲骨錄	胡厚宣	來薰閣書店	一九五一年
59	掇二	殷契拾掇二編	郭若愚	來薰閣書店	一九五三年
60	津	戰後京津新獲甲骨集	胡厚宣	群聯出版社	一九五四年
61	殷綴	殷虛文字綴合	郭若愚、曾毅公、李學勤	科學出版社	一九五五年
62	存	甲骨續存	胡厚宣	群聯出版社	一九五五年
63	外	殷虛文字外編	董作賓	藝文印書館	一九五六年
64	日見	日本所見甲骨錄	饒宗頤	『東方文化』第三卷第 一期所收	一九五六年

65	述	殷虛卜辭綜述	陳夢家	科學出版社	一九五六年
66	巴	巴黎所見甲骨錄	饒宗頤	香港大宏雕刻印刷公司	一九五六年
67	漢	漢城大學所藏大胛骨刻辭考釋	董作賓	中央研究院歷史語言研究所集刊第二十八本下冊所收	一九五七年
68	丙	殷虛文字丙編	張秉權	中央研究院歷史語言研究所	一九五七—一九七二年
69	海	海外甲骨錄遺	饒宗頤	香港大學出版社	一九五八年
70	書博	書道博物館藏甲骨文字	青木木菟哉	『甲骨學』第六—十號所收	一九五八—一九六四年
71	人	京都大學人文科學研究所藏甲骨文字	貝塚茂樹	京都大學人文科學研究所	一九五九年
72	甲零	甲骨文零拾	陳邦懷	天津人民出版社	一九五九年
73	日彙	日本散見甲骨文字蒐彙	松丸道雄	『甲骨學』第七—十二號所收	一九五九—一九八〇年
74	甲釋	殷虛文字甲編考釋（附圖）	屈萬里	中央研究院歷史語言研究所	一九六一年
75	吉	吉林大學所藏甲骨選釋	姚孝遂	『吉林大學社會科學學報』一九六三年第四期所收	一九六三年
76	中圖	國立中央圖書館所藏甲骨文字	金祥恆	『中國文字』第十九、二十期所收	一九六六年
77	聯	聯合書院圖書館新獲東莞鄧氏甲骨簡介	李棪	『香港中文大學聯合書院學報』第七期所收	一九六九年

78	北美	北美所見甲骨選粹	李棪	『香港中文大學中國文化研究所學報』第三卷第二期所收	一九七〇年
79	歐	歐美亞所見甲骨錄存	饒宗頤	『南洋大學學報』第四期所收	一九七〇年
80	明	明義士收藏甲骨文字	許進雄	The Royal Ontario Museum	一九七二年
81	虚後	殷虚卜辭後編	許進雄	藝文印書館	一九七二年
82	納	美國納爾森美術館藏甲骨刻辭考釋	嚴一萍	藝文印書館	一九七三年
83	臨	臨淄孫氏舊藏甲骨文字考釋	胡厚宣	『文物』一九七三年第九期所收	一九七三年
84	輔	輔仁大學所藏甲骨文字	明義士	『中國文字』第五十期所收	一九七三年
85	綴新	甲骨綴合新編	嚴一萍	藝文印書館	一九七五年
86	李	李光前文物館所藏甲骨文字簡釋	李孝定	『文物滙刊』第二號所收	一九七六年
87	美	美國所藏甲骨錄	周鴻翔	加利福尼亞大學	一九七六年
88	綴補	甲骨綴合新編補	嚴一萍	藝文印書館	一九七六年
89	日	日本所見甲骨錄	伊藤道治	『卜辭通纂』附錄所收、朋友書店	一九七七年
90	合	甲骨文合集	胡厚宣等	中華書局	一九七八—一九八三年
91	東庫	東洋文庫所藏甲骨文字	東洋文庫古代史研究委員會	東洋文庫	一九七九年

92	懷	懷特氏等收藏甲骨文集	許進雄	The Royal Ontario Museum	一九七九年
93	德	西德瑞士藏我國殷墟出土的甲骨文	徐錫臺	『人文雜誌』一九八零年第五期所收	一九八〇年
94	屯	小屯南地甲骨	中國社會科學院考古研究所	中華書局	一九八〇、一九八三年
95	安	安陽博物館藏卜辭選	安陽博物館	『中原文物』一九八一年第一期所收	一九八一年
96	孟	孟廣慧舊藏甲骨選介	李先登	『古文字研究』第八輯所收	一九八三年
97	山西	山西省文物工作委員會收藏的甲骨	胡振祺、李梅貞	『古文字研究』第八輯所收	一九八三年
98	東大	東京大學東洋文化研究所藏甲骨文字	松丸道雄	東京大學東洋文化研究所	一九八三年
99	京博	國立京都博物館藏甲骨文字	伊藤道治	『神戸大學文化學年報』第三號所收	一九八四年
100	法	法國所藏甲骨錄	雷煥章	光啓出版社	一九八五年
101	英	英國所藏甲骨集	李學勤、齊文心、艾蘭	中華書局	一九八五、一九九二年
102	參	天理大學附屬天理參考館甲骨文字	天理大學、天理教道友社	天理教道友社	一九八七年
103	尊	尊六室甲骨文字	徐宗元	天津古籍出版社	一九八七年
104	胡	蘇德美日所見甲骨集	胡厚宣	四川辭書出版社	一九八八年
105	三	三代吉金漢唐樂石拓存	蔣一安	文史哲出版社	一九九三年

106	乙補	殷虛文字乙編補遺	鍾柏生	中央研究院歷史語言研究所	一九九五年
107	中島	中島玉振舊藏の甲骨片について	荒木日呂子	創榮出版株式會社	一九九六年
108	存補	甲骨續存補編	胡厚宣	天津古籍出版社	一九九六年
109	荷	德瑞荷比所藏一些甲骨錄	雷煥章	光啓出版社	一九九七年
110	山	山東省博物館珍藏甲骨墨拓集	劉敬亭	齊魯書社	一九九八年
111	瑞	瑞典斯德哥爾摩遠東古物博物館藏甲骨文字	李學勤、齊文心、艾蘭	中華書局	一九九九年
112	合補	甲骨文合集補編	彭邦炯、謝濟、馬季凡	語文出版社	一九九九年
113	蔡綴	甲骨綴合集	蔡哲茂	樂學書局有限公司	一九九九年
114	花	殷墟花園莊東地甲骨	中國社會科學院考古研究所	雲南人民出版社	二〇〇三年
115	蔡續	甲骨綴合續集	蔡哲茂	文津出版社	二〇〇四年
116	輯	殷墟甲骨輯佚	段振美、焦智勤、黨相魁、黨寧	文物出版社	二〇〇八年
117	北	北京大學珍藏甲骨文字	李鍾淑、葛英會	上海古籍出版社	二〇〇八年
118	上	上海博物館藏甲骨文字	上海博物館	上海辭書出版社	二〇〇九年
119	史	史語所購藏甲骨集	中央研究院歷史語言研究所	中央研究院歷史語言研究所	二〇〇九年

120	張	張世放所藏殷墟甲骨集	宋鎮豪	綫裝書局	二〇〇九年
121	拼	甲骨拼合集	黃天樹	學苑出版社	二〇一〇年
122	醉	醉古集——甲骨的綴合與研究	林宏明	萬卷樓圖書股份有限公司	二〇一一年
123	歷	中國社會科學院歷史研究所藏甲骨集	宋鎮豪、趙鵬、馬季凡	上海古籍出版社	二〇一一年
124	拼續	甲骨拼合續集	黃天樹	學苑出版社	二〇一一年
125	村	殷墟小屯村中村南甲骨	中國社會科學院考古研究所	云南人民出版社	二〇一二年
126	拼三	甲骨拼合三集	黃天樹	學苑出版社	二〇一三年

あとがき

本書は、二〇〇八年三月に、京都大学大学院人間・環境学研究科に提出し学位を授与された博士論文に加筆したものである。各章の初出は以下のとおり。

緒　論　書き下ろし

第一章―第三章　「商代信仰世界における甲骨の意義」、『漢字文化研究年報』第三輯、三―三二頁、二〇〇八年三月。

第四章　「商代における卜筮の關係」、『人間・環境学』第十七巻、一〇七―一一七頁、二〇〇八年十二月。

第五章―第七章　「甲骨文字に見える殷王の權威――固辭の變遷を中心に――」、『漢字文化研究年報』第二輯、三一―五三頁、二〇〇七年三月。

第八章　「從甲骨卜辭的驗辭看商代的神權政治」、香港浸會大學「簡帛・經典・古史」国際フォーラム発表論文、二〇一一年十二月。

結　語　書き下ろし

筆者は八年に亘り、京都大学大学院人間・環境学研究科の修士、博士課程にて研究生活を送り、阿辻哲次・京都大学教授、故愛宕元・京都大学名誉教授、西脇常記・京都大学名誉教授をはじめとする先生方にご指導頂いた。ここに深く感謝を申し上げる。また、高田時雄・京都大学人文科学研究所教授の主宰された京都大学21世紀COE東アジア世界の人文情報学研究教育拠点において、多々ご指導頂いたことに厚く御礼申し上げる。長年ご指導を賜り、後記の助成を申請する際にも推薦を下さった冨谷至・京都大学人文科学研究所教授に深甚なる謝意を申し上げる。筆者の留学、研究生活を支えてくれた家族や全ての方々に感謝を申し上げる。本書の編集に当たりご助力下さった京都大学学術出版会の國方栄二氏に感謝を申し上げる。

本書の刊行に当たっては、京都大学の平成二十五年度総長裁量経費　若手研究者に係る出版助成事業の助成を受けた。合わせて感謝申し上げる。

二〇一三年十月三十一日　　著者　識

中文提要

甲骨出土以來的百餘年間，甲骨學研究取得了許多引人注目的成果。本書第一部立足於迄今為止的研究成果，主要著眼於神權與文化的關係，綜合考察商代信仰世界中甲骨的各種特徵。

商代參與決策的王、卿士、庶人、卜、筮等五者之中，代表神意的卜與筮具有絕對的權威。在商代信仰世界裏，卜與筮皆與甲骨密切相關。本書第一章首先分析了『尚書．洪範』等文獻，重新檢討商代決策過程中卜筮的作用。繼而在第二章從占卜的時間、地點與方法等方面考察占卜的特點。根據大量的甲骨卜辭可知，商人就未來之事頻繁而反復地探求神意，一日之中往往多次占卜。而占卜必於直系先王的宗廟中舉行，由此可以窺見商代信仰中根深蒂固的祖先崇拜與重視直系的宗法觀念。占卜的內容多種多樣，其方法也極為複雜，顯示了商代的占卜已經高度發展，神權政治無所不及。而從出土狀況可知許多甲骨在用過以後仍被慎重保管，證明了甲骨的神聖性。

第三章則從商代筮的存在、『歸藏』的真偽與巫咸的作用等方面探討了筮的問題。全面整理了商代見於甲骨的筮的記載並加以分析，確認了商代後期筮的存在，指出『歸藏』作為商代的「易」是實際存在的，甲骨所見的商代的筮應與『歸藏』有關。為尋求一定的原理、法則以便更準確地把握世界，商代前期的巫咸可能對舊有的筮作了某種程度的改良而促進了其發展。

第四章歸納卜與筮的相同點和不同點，利用近年考古發掘成果探討其源流。使用動物之骨的骨卜遺跡自新石器時代以來遍佈華北，商代前期開始轉換為以牛為中心的骨卜，而使用龜甲的龜卜自後期開始多用，以龜甲與牛骨為主的占卜及其盛行是商代信仰的重要特徵。此外，運用數理概念探求神意的「筮」已經實施，記在某些甲骨上的三至六個數字得到解讀，可以推測其為「歸藏」即商代的易。

甲骨不僅作為占卜的工具，還作為書寫材料用於記載並無直接關係的筮，這是因為卜與筮共同支撐了商代的信仰。甲骨介於神與人之間，作爲顯示神意的重要媒介長期受到重視。而且甲骨可謂商代卜筮文化的珍貴化石，以其獨特的形態連接了古代與現代。雖然顯示「象」的卜比顯示「數」的筮

更受重視，兩者實際上是互相補充而併用的。在商代信仰中，根據卜兆把握事物的形象性與通過數理認識世界的抽象性都體現在甲骨上。中國文明的形象性與抽象性同時包含在甲骨中，這是非常值得關注的。

在甲骨卜辭中，以「王固（𠘧）曰」開頭的固辭部分記載了商王觀察卜兆判斷吉凶預測未來之事的言辭。本書第二部以商王預言錄的固辭為對象，主要著眼於神權與王權的關係，應用五期斷代法，以固辭的演變為中心探討商王的權威及其變化。

首先，第五章全面整理了「固、𠘧」字的一百餘種形體，發現其過渡形態，明確了固—𠯑—𠀠（以上第一期、歷組）—𡆧（第二期假借字）—𠘧（第五期）的歷史演變，分析指出「𠘧」的「⊔」是由「口」發展而來，通過探討文獻與對照實物解明其字義、字形與字音。即「固、𠘧」意為觀察卜兆判斷吉凶，與『說文解字』之「卟」及『玉篇』之「乩」相同，經典之「稽」為其假借字。由取象於出現卜兆的卜骨並表讀音的「𡆧」和表示預測、預言的「口」構成，與「卟」、「乩」、「稽」同音。

其次，第六章對所有的固辭按時期進行分類、分析，對其性質與演變作歷時性的考察。全盛時期第一期與泡沫時期第五期的固辭，同沈滯時期第二——四期相比佔了壓倒性多數，而且第一期的固辭詳細、具體、具有多樣性，從第二期開始，隨著固辭的急遽減少出現了簡單化、抽象化與單調化的傾向，至第五期雖然數量恢復舊觀，卻幾乎沒有具體內容，形式化成為最大的特徵。

然後在第七章將固辭的演變與商王權威的變化聯繫起來加以探討，論述了主祭者、巫師長、政治領袖這三種職權構成商王權力的基礎，並著重分析了其作為巫師長的性質，闡明了隨著時代推移君權不斷擴大，商王逐漸喪失了巫師長的能力與意識，轉而主要作爲專制君主進行政治運作的歷史進程及其深層原因。

本書從「固、𠘧」的解讀入手，系統地研究了相關卜辭，尤其關注商王作爲巫師長的職權，試圖多角度地把握神權政治中歷代商王的實際形象。

通常接在固辭之後的驗辭，記錄了占卜後發生之事與預測的關係，即占卜應驗與否。本書第三部對顯示預言應驗情形的驗辭，留意其與固辭的關

聯，主要著眼於神權、王權與文化的關係，縱觀驗辭的時代特點，考察其變化的原因。

第八章探討了驗辭的內容、位置及其數量，分為三個時期舉出各期典型的な驗辭，歸納其時代特徵。即第一期驗辭佔了總數的一半以上，兼具豐富多彩的內容與富於變化的形式，第二、三期（第四期目前不詳）驗辭數量明顯減少，內容有限而漸趨單調，而第五期数量雖然有一定程度的增加，但內容卻局限於田獵的成果。

為探討驗辭變化的原因，比較分析同一時期的固辭的狀況，發現驗辭變化與固辭变遷的軌道基本一致。從數量、內容與形式來看，固辭由全盛時期的第一期開始、經過停滯時期的第二、三期，迎來泡沫時期的第五期，記在這些固辭之後的驗辭，始於豐富多彩的第一期，第二、三期開始漸趨單調，終於進入單一的第五期，具有類似的軌跡，可以說是隨著固辭的變化而變化的。

如向商代的政治與社會探尋其深層原因，商代後期的時代背景就會應聲而出。主要作於武丁活動的復興時代的第一期驗辭、由祖庚至文丁的暗澹而沈默的特殊時代的第二一四期的驗辭（第四期驗辭尚需進一步探討）與神權政治漸趨沒落的帝乙、帝辛時代的第五期驗辭，當是直接反映各個時期的政治與社會形勢的縮影。而商代的卜筮文化在經過這樣的曲折變化，高度發達形成制度，又逐漸形式化、空洞化，成為後來商周革命的重要原因。

以上總結了本書闡述的甲骨文字與商代信仰。在從事研究時，主要根據文獻資料、甲骨卜辭與考古發掘的成果進行綜合考察。其中，關於由前辭、命辭、固辭、驗辭構成的完整的卜辭，含有豐富訊息的命辭大概最受關注與利用。本書也詳細考察相關的命辭，同時在第一部、第二部與第三部分別集中探討了前辭、固辭與驗辭。通過以上嘗試，對過去未受足夠重視的部分亦加以觀照，致力於發現新知，並希望今後持續努力。

索　引

あ

か

さ

た

な

は

ま

や

ら

英

著者略歴
陳　捷（ちん　しょう）
京都大学大学院人間・環境学研究科博士課程修了、京都大学博士（人間・環境学）
現在、京都大学人文科学研究所非常勤講師

主な論文
「仁治本古文『孝經』考――文字學の立場から再検討を加える」（『人間・環境学』第十一巻、二〇〇二年）
「甲骨文字に見える殷王の權威――固辞の變遷を中心に――」（『漢字文化研究年報』第二輯、二〇〇七年）
「商代信仰世界における甲骨の意義」（『漢字文化研究年報』第三輯、二〇〇八年）など

プリミエ・コレクション　47
甲骨文字と商代の信仰
――神権・王権と文化
二〇一四年三月三十一日　初版　第一刷発行
著者　陳《ちん》　捷《しょう》
発行者　檜山爲次郎
発行所　京都大学学術出版会
〒606-8315　京都市左京区吉田近衛町六九京都大学吉田南構内
電話〇七五（七六一）六一八二　FAX〇七五（七六一）六一九〇
URL http://www.kyoto-up.or.jp/
印刷所　亜細亜印刷株式会社

ISBN978-4-87698-295-0　C3322